CURSO DE ESPAÑOL PARA NIÑC
···
CUADERNO DE EJERCICIOS

LOLA y LEO 3

MARCELA FRITZLER
FRANCISCO LARA
DAIANE REIS

difusión

Autores
Marcela Fritzler, Francisco Lara, Daiane Reis

Revisión pedagógica
Roberto Castón (ilusionoptica.es), Clara Serfaty

Coordinación editorial y redacción
Roberto Castón (ilusionoptica.es), Clara Serfaty

Diseño
La japonesa

Maquetación
Elisenda Galindo

Corrección
Pablo Sánchez García

Ilustraciones
Montse Casas (Ilustraciones Monsuros)

Excepto: Unidad 0: p. 8 freepik.com; p. 11 INeyro/AdobeStock; p. 13 veenaben Patel/iStockphoto, appleuzr/iStockphoto, fad1986/Istokphoto, AF–studio/iStockphoto, pinterest.com, conozcasanjose.com, Peacefully7/iStockphoto. **Unidad 1:** p. 22 freepik.com. **Unidad 3:** p. 33 lushik/iStockphoto davidcreacion/iStockphoto; p. 35 Laurianne Lopez; p. 36 Laurianne Lopez. **Unidad 4:** p. 41 David Revilla; p. 44 Tidarat Tiemjai/iStockphoto, alazur/iStockphoto. **Unidad 5:** p. 50 freepik.com; p. 51 David Revilla; p. 56 freepik.com; p. 57 David Revilla; p. 58 freepik.com. **Unidad 6:** p. 59 lessnik/AdobeStock; p. 65 Ernesto Rodríguez. **Juegos:** p. 69 freepik.com; p. 72–73 Ekaterina Romanova/iStockphoto. **Recortables:** p. 85 INeyro/AdobeStock; p. 103 freepik.com.

Fotografías

p. 5 GlobalSotck/iStockphoto. **Unidad 0:** p. 7 jfunk/AdobeStock, Maksim Pasko/AdobeStock, Sashkin/AdobeStock, R. Gino Santa Maria/AdobeStock, phpetrunina14/AdobeStock, Kathrin39/AdobeStock, Vadim Andrushchenko/AdobeStock, JenkoAtaman/AdobeStock, Tierney/AdobeStock; p. 9 urbancow/iStockphoto laflor/iStockphoto; p. 11 Neyro/AdobeStock; p. 12 GlobalP/iStockphoto, Okea/iStockphoto, taringa.net, Benjamin Simeneta/Fotolia.com, cynoclub/Fotolia.com, lemonadelucy/iStockphoto, DaddyBit/iStockphoto, Ammit/Dreamstime.com, Onfokus/iStockphoto, animalitostucupita.wordpress.com; p. 13 PeopleImages/iStockphoto. **Unidad 1:** p. 14 DNY59/iStockphoto, phanasitti/iStockphoto, akinshin/iStockphoto, lleerogers/iStockphoto, Photitos2016/iStockphoto, mphillips007/iStockphoto, slobo/iStockphoto, Andregric/iStockphoto, Steve Debenport/iStockphoto, Johner Images/Getty, akinshin/iStockphoto, mphillips007/iStockphoto, DNY59/iStockphoto, Floortje/iStockphoto, Nicholas Shkoda/iStockphoto, ugchannel/AdobeStock, NikonShutterman/iStockphoto, Nicholas Shkoda/iStockphoto, CLM Images/Getty, Green Apple Studio/iStockphoto, mrs/Getty, Steven Robinson Pictures/Getty; p. 18 FatCamera/iStockphoto; p. 20 damircudic/iStockphoto, smirno/AdobeStock; p. 21 Soubrette/iStockphoto, Anna Lurye/Dreamstime.com. **Unidad 2:** p. 24 Marilyn Nieves/iStockphoto; p. 25 SolStock/iStockphoto, kate_sept2004/iStockphoto, PeopleImages/iStockphoto; p. 26 Suriyapong Thongsawang/iStockphoto; p. 27 Justus Sustermans/Phrood~commonswiki, Especial/Síntesis.mx, Imagexia, Cubadebate; p. 30 Daiane Reis. **Unidad 3:** p. 32 Milkos/iStockphoto, ChristopherBernard/iStockphoto, alzay/iStockphoto, Staras/iStockphoto, Thomas Söllner/AdobeStock, AndreyPopov/iStockphoto; p. 34 SeventyFour/iStockphoto, LiudmylaSupynska/iStockphoto, djedzura/iStockphoto, Steve Debenport/iStockphoto, Ben Gingell/iStockphoto, kwanchaichaiudom/iStockphoto, Xavier Arnau/iStockphoto; p. 36 damircudic/iStockphoto, Indysystem/iStockphoto, alzay/iStockphoto; p. 37 Paperkites/iStockphoto, Paperkites/iStockphoto, aroax/iStockphoto; p. 38 DenisKot/iStockphoto, 2xSamara.com/Shutterstock, RapidEye/iStockphoto, kwanchaichaiudom/iStockphoto, kwanchaichaiudom/iStockphoto; p. 40 imagedepotpro/iStockphoto, Paseante/Dreamstime.com, Graffizone/iStockphoto, olympic.org, mariscal.com; **Unidad 4:** p. 42 fotokostic/iStockphoto, Singkham/iStockphoto, PeopleImages/iStockphoto, JackF/iStockphoto; p. 43 Sarah Rypma/AdobeStock, monkeybusinessimages/iStockphoto, jacoblund/iStockphoto, biker3/AdobeStock, franckreporter/iStockphoto, sanjeri/iStockphoto, numxyz/iStockphoto, MediaProduction/iStockphoto, HABY/iStockphoto, hobbysaliplant.com; p. 44 Tidarat Tiemjai/iStockphoto, alazur/iStockphoto; p. 45 viennetta/iStockphoto; p. 46 Victoria Labadie – Fotonomada/iStockphoto, hobbysaliplant.com, vitonica.com, mejorconsalud.com, Sneksy/iStockphoto; p. 47 The_Pixel/iStockphoto, robynmac/iStockphoto, robynmac/iStockphoto, hudiemm/iStockphoto, Veaceslav Popovici/AdobeStock, Veaceslav Popovici/AdobeStock, Natika/AdobeStock, robynmac/iStockphoto, aperturesound/AdobeStock, eyewave/AdobeStock, Olga Kurguzova/Dreamstime.com, Olga Kurguzova/Dreamstime.com, philip kinsey/AdobeStock, Dionisvera/AdobeStock, Viktor_Kitaykin/iStockphoto, andersphoto/AdobeStock, subjug/iStockphoto, ovydyborets/Fotolia.com; p. 48 pixdeluxe/iStockphoto, Mordolff/iStockphoto; p. 49 quioteca.com. **Unidad 5:** p. 50 unalozmen/iStockphoto; p. 52 nicholashan/AdobeStock; p. 53 czekma13/iStockphoto, jrphoto6/iStockphoto, JohanSjolander/iStockphoto, sarayut/iStockphoto, bogdanhoria/iStockphoto, loeskieboom/iStockphoto; p.55 MNStudio/AdobeStock, FatCamera/AdobeStock, spooh/iStockphoto, SerhiiBobyk/iStockphoto; p. 56 MangoStar_Studio/iStockphoto, PeopleImages/iStockphoto; p. 57 druvo/iStockphoto, caracterdesign/iStockphoto, PeopleImages/iStockphoto, xavierarnau/iStockphoto, kali9/iStockphoto; p. 58 Iraitz/AdobeStock. **Unidad 6:** p. 61 PeopleImages/iStockphoto, kali9/iStockphoto, RichVintage/iStockphoto, difusion.com; p.62 druvo/iStockphoto, caracterdesign/iStockphoto, PeopleImages/iStockphoto, Ben Gingell/iStockphoto; p. 63 Morsa Images/iStockphoto, Perboge/iStockphoto, druvo/iStockphoto, caracterdesign/iStockphoto, m–imagephotography/iStockphoto, twinsterphoto/iStockphoto, EEI_Tony/iStockphoto, abadonian/iStockphoto; p. 64 FatCamera/iStockphoto xavierarnau/iStockphoto; p. 65 difusion.com; p. 66 RichVintage/iStockphoto, inewsistock/iStockphoto, Ridofranz/iStockphoto, Tatiana Mezhenina/iStockphoto, RichVintage/iStockphoto, natrot/iStockphoto, Piotrurakau/iStockphoto, Wavebreakmedia/iStockphoto, Ridofranz/iStockphoto, RichVintage/iStockphoto, Piotrurakau/iStockphoto. **Juegos:** p. 68 Nicholas Shkoda/iStockphoto, Andregric/iStockphoto, LSOphoto/iStockphoto, DNY59/iStockphoto, CLM Images/Getty, mg7/iStockphoto, Photitos2016/iStockphoto, AlexRaths/iStockphoto, akinshin/iStockphoto, dem10/iStockphoto, slobo/iStockphoto; p. 69 Pgiam/iStockphoto, dzika_mrowka/iStockphoto, Sergiy1975/iStockphoto, Ben Gingell/iStockphoto; p 70 Coprid/iStockphoto, julichka/iStockphoto, phive2015/iStockphoto, stickytoffeepudding/iStockphoto, MediaProduction/iStockphoto, Ammit/Dreamstime.com; Benjamin Simeneta/Fotolia.com, imagexia.com, kali9/iStockphoto, dsafanda/iStockphoto, VeselovaElena/iStockphoto, kate_sept2004/iStockphoto, SolStock/iStockphoto, Viktor_Kitaykin/iStockphoto, Spauln/iStockphoto, rigga/iStockphoto, Serhiy Shullye/Fotolia.com, bbostjan/iStockphoto, subjug/iStockphoto, Devonyu/iStockphoto, dcdr/iStockphoto; p. 71 aroax/iStockphoto, Paperkites/iStockphoto, farma–vazquez.com, DenisKot/iStockphoto, Floortje/iStockphoto, GCShutter/iStockphoto, AlexRaths/iStockphoto, fotokostic/iStockphoto, Syldavia/iStockphoto, vitonica.com, MachineHeadz/iStockphoto, GOLFX/iStockphoto, mg7/iStockphoto, phive2015/iStockphoto. **Glosario:** p. 75 Kjetil Kolbjornsrud/Dreamstime.com, LIGHTFIELD STUDIOS/AdobeStock, Tomasz Zajda/AdobeStock, ra2 studio/AdobeStock, Micha Rojek/Dreamstime.com, ozanuysal/iStockphoto, charnsitr/AdobeStock, Romrodinka/Dreamstime.com, Tzido/iStockphoto, 22tomtom/Dreamstime.com, blackday/AdobeStock, Tarzhanova/AdobeStock, pxhidalgo/iStockphoto, goodluz/AdobeStock, Alfonsodetomas/AdobeStock, ALFphoto/AdobeStock; p. 76 Johner Images/Getty, CLM Images/Getty, Green Apple, Studio/iStockphoto, Steven Robinson, Pictures/Getty, AlexRaths/iStockphoto, AfricaImages/iStockphoto, NikonShutterman/iStockphoto, mrs/Getty, slobo/iStockphoto, phanasitti/iStockphoto, akinshin/iStockphoto, mphillips007/iStockphoto, Nicholas Shkoda/iStockphoto, Andregric/iStockphoto, Photitos2016/iStockphoto, lleerogers/iStockphoto, DNY59/iStockphoto, subjug/iStockphoto, cdkitchen.com, dcdr/iStockphoto, dem10/iStockphoto, Floortje/iStockphoto, Devonyu/iStockphoto, bbostjan/iStockphoto, JenkoAtaman/AdobeStock, StockMediaProduction/AdobeStock, Destonian/AdobeStock, PixieMe/AdobeStock, ASIFE/iStockphoto, Maskot/AdobeStock; p. 77 misistemasolar.com, scyther5/iStockphoto, adventtr/iStockphoto, Baoshan/iStockphoto, mrtom–uk/iStockphoto, dzika_mrowka/iStockphoto, bjdlzx/iStockphoto, cosmin4000/iStockphoto, Sergiy1975/iStockphoto, slavemotion/iStockphoto, spaxiax/AdobeStock, Yingko/AdobeStock, Oxford/iStockphoto, pinterest.fr, Pgiam/iStockphoto, laletradelaciencia.es, valio84sl/iStockphoto, valio84sl/iStockphoto, olegkoval/AdobeStock, serhii/AdobeStock, Erik Lam/AdobeStock, Erik Lam/AdobeStock, FlashMyPixel/iStockphoto, manjik/iStockphoto, Baoshan/iStockphoto, manjik/iStockphoto, inhauscreative/iStockphoto, 3quarks/iStockphoto, mode_list/AdobeStock, nasa_gallery/AdobeStock; p. 78 ChristopherBernard/iStockphoto, Oleh_Slobodeniuk/iStockphoto, Indysystem/iStockphoto, Staras/iStockphoto, AndreyPopov/iStockphoto, djedzura/iStockphoto, Ben Gingell/iStockphoto, Xavier Arnau/iStockphoto, Steve Debenport/iStockphoto, kwanchaichaiudom/iStockphoto, LiudmylaSupynska/iStockphoto, aroax/iStockphoto, Altayb/iStockphoto, Coprid/iStockphoto, julichka/iStockphoto, farma–vazquez.com, Paperkites/iStockphoto, naumoid/iStockphoto, Milkos/iStockphoto, Denys Kurbatov/AdobeStock, Thomas Söllner/AdobeStock, Ismailciydem/iStockphoto, DenisKot/iStockphoto, napatcha/AdobeStock, Minerva Studio/AdobeStock, digitalskillet1/AdobeStock, luminis/iStockphoto, DragonImages/iStockphoto, Saturated/iStockphoto, Andrey Popov/AdobeStock; p. 79 Serhiy Shullye/Fotolia.com, Hyrma/iStockphoto, hudiemm/iStockphoto, trigga/iStockphoto, Viktor_Kitaykin/iStockphoto, Spauln/iStockphoto, agrorganics.com, Singkham/iStockphoto, anna1311/iStockphoto, narvikk/iStockphoto, ArtCookStudio/iStockphoto, Singkham/iStockphoto, fotokostic/iStockphoto, PeopleImages/iStockphoto, JackF/iStockphoto, CharlieAJAA/iStockphoto, celsopupo/iStockphoto, LeandroHernandez/iStockphoto, AlenKadr/AdobeStock, Jose Luis Stephens/AdobeStock, Jorgefontestad/iStockphoto, akinshin/iStockphoto, Sasha_Suzi/iStockphoto, orchard.es, hobbysaliplant.com, verdurasblog.weebly.com, vitonica.com, mejorconsalud.com, juver.com; p. 80 GlobalP/iStockphoto, sarayut/iStockphoto, JackF/iStockphoto, tiero/iStockphoto, GlobalP/iStockphoto, vusta/iStockphoto, rusm/iStockphoto, DaddyBit/iStockphoto, prapassong/iStockphoto, ianmcdonnell/iStockphoto, Okea/iStockphoto, kotomiti/iStockphoto, kotomiti/iStockphoto, abadonian/iStockphoto, GlobalP/iStockphoto, kotomiti/iStockphoto, thomaslenne/iStockphoto, prapassong/iStockphoto, loeskieboom/iStockphoto, GlobalP/iStockphoto, cynoclub/AdobeStock, bogdanhoria/iStockphoto, czekma13/iStockphoto, prasit chansarekorn/iStockphoto, Leoco/iStockphoto, jrphoto6/iStockphoto, ImageGap/iStockphoto, efired/AdobeStock, YakobchukOlena/AdobeStock, DoraZett/AdobeStock; p. 81 Rost–9D/iStockphoto, morgar/iStockphoto, hh5800/iStockphoto, taka4332/iStockphoto, tanuha2001/iStockphoto, ChrisAt/iStockphoto, koya79/iStockphoto, barkarola/iStockphoto, aldomurillo/iStockphoto, Morsa Images/iStockphoto, YinYang/iStockphoto, oneclearvision/Istckphoto, courtyardpix/iStockphoto, Perboge/iStockphoto, michaeljung/iStockphoto, twinsterphoto/iStockphoto, Jbryson/iStockphoto, PeopleImages/iStockphoto, PeopleImages/iStockphoto, CowlickCreative/iStockphoto, CowlickCreative/iStockphoto, GlobalP/iStockphoto, Seregraff/iStockphoto, abadonian/iStockphoto, EEI_Tony/iStockphoto, Vasilyevalara/iStockphoto, Gazometr/iStockphoto; p. 82 xefstock/iStockphoto. **Recortables:** p. 87 PeopleImages/iStockphoto, jacoblund/iStockphoto, monkeybusinessimages/iStockphoto, PeopleImages/iStockphoto, Llorenc, Conejo Leonid/AdobeStock, DenKuvaiev/iStockphoto, SerhiiBobyk/iStockphoto, XiXinXing/iStockphoto, FatCamera/iStockphoto, THEPALMER/iStockphoto, Destonian/AdobeStock; p. 89 Jan H. Andersen/AdobeStock, GoodLifeStudio/iStockphoto, tataks/iStockphoto, gaiamoments/iStockphoto; p. 93 arcady_31/AdobeStock, gt29/AdobeStock, reeel/AdobeStock, Arcady/AdobeStock, Denis Dryashkin/AdobeStock, blattwerkstatt/AdobeStock, blattwerkstatt/AdobeStock, T. Michel/AdobeStock, Jackin/AdobeStock, Arcady/AdobeStock; p. 95 rusm/iStockphoto, JackF/iStockphoto, Okea/iStockphoto, GlobalP/iStockphoto, JackF/iStockphoto, GlobalP/iStockphoto, sarayut/iStockphoto, tiero/iStockphoto, vusta/iStockphoto, DaddyBit/iStockphoto, ianmcdonnell/iStockphoto, kotomiti/iStockphoto; p. 97 EEI_Tony/iStockphoto, abadonian/iStockphoto, DaddyBit/iStockphoto, ianmcdonnell/iStockphoto, sarayut/iStockphoto, Iakov Filimonov/Dreamstime, Lohadenok/Dreamstime.com, taringa.net, animalitostucupita.wordpress.com, GlobalP/iStockphoto, GlobalP/iStockphoto, JackF/iStockphoto, kotomiti/iStockphoto, prapassong/iStockphoto, vusta/iStockphoto; p. 101 imaginima/iStockphoto; p. 103 mrs/Getty, fotokostic/iStockphoto.

Música y voces
Silvia Dotti, Joan Trilla Benedito

Letras de las canciones
Marcela Fritzler, Francisco Lara, Daiane Reis

difusión
Centro de Investigación y Publicaciones de Idiomas, S. L.

C/ Trafalgar, 10, entlo. 1ª
08010 Barcelona - España
Tel.: (+34) 932 680 300
Fax: (+34) 933 103 340
editorial@difusion.com

www.difusion.com

Reimpresión: febrero 2020
ISBN: 978-84-16347-81-0
Impreso en España por Novoprint

MIXTO
Papel procedente de fuentes responsables
FSC® C019520
FSC www.fsc.org

BIENVENIDOS A LOLA Y LEO

LOLA y LEO es un manual de español para niños de entre 7 y 11 años que propone un método sencillo y divertido para aprender jugando y disfrutando.

El CUADERNO DE EJERCICIOS está pensado para retomar y consolidar los contenidos del Libro del alumno con actividades colaborativas e individuales, diseñadas para desarrollar la creatividad de los estudiantes y afianzar el aprendizaje.

Además de las siete unidades correspondientes al Libro del alumno, el CUADERNO DE EJERCICIOS propone **tres juegos** de repaso léxico y gramatical.

El CUADERNO DE EJERCICIOS incorpora un **glosario visual** concebido como espacio de trabajo, en el que los estudiantes podrán consultar el vocabulario más importante de cada unidad al mismo tiempo que trabajan las palabras en su propia lengua, y un apartado de **material recortable** para dinamizar las actividades que están marcadas con el icono de "recorta".

LOS ICONOS DE LOLA Y LEO

Escucha	Habla	Repite	Escribe	Dibuja	Recorta	Relaciona

Mira	Juega	Representa	Canta	Señala	Lee	Habla con tus compañeros

---

Lola y Leo 3 cuenta con contenidos digitales extra:

lolayleo.difusion.com

- las pistas de audio (mp3)
- las letras de las canciones (pdf)

campus difusión

- el libro digital
- las pistas de audio (mp3)
- las letras de las canciones (pdf)
- los vídeos (mp4)
- los apartados de gramática visual (pdf)
- el apartado de material recortable (pdf)
- las fichas proyectables (pdf)

ÍNDICE

LOLA y LEO 3

Mi foto

ME LLAMO ....

....

TENGO .... **AÑOS.**

SOY DE ....

VIVO EN ....

Día Mundial de la Radio

1 A. Mira la imagen de la página 10 del Libro del alumno y escribe cuatro preguntas.

(¿Dónde...?) (¿Qué...?) (¿Cómo...?) (¿Quién...?)

1. _____

2. _____

3. _____

4. _____

B. Ahora, pregunta a tus compañeros.

2 Lee y ordena los meses. Después, escucha y repite.

( ) febrero ( ) junio ( ) noviembre ( ) abril

( ) mayo ( ) marzo ( ) enero ( ) octubre

( ) septiembre ( ) agosto ( ) diciembre ( ) julio

3 Lee y contesta.

a. ¿En qué estación del año estamos? ¿Y en qué mes?

_____

b. ¿Cuál es tu estación del año favorita?

_____

c. ¿En qué mes del año hace mucho calor? ¿Y mucho frío?

_____

Las estaciones del año

la primavera
el verano
el otoño
el invierno

4 Mira, marca las fotos que relacionas con diciembre y habla con tus compañeros.

5 Escucha de nuevo la entrevista de Lola y completa la ficha 1. Después, completa la ficha 2 con tus datos.

FICHA 1

Nombre:
Lola

Nacionalidad:

Dónde vive:

Edad:

Fecha de cumpleaños:

Familia:

FICHA 2

Nombre:

Nacionalidad:

Dónde vivo:

Edad:

Fecha de cumpleaños:

Familia:

6 Mira estas operaciones matemáticas y completa las frases.

$40 +$ ✏️ $= 80$

1. _El bolígrafo_ es el número _cuarenta_ .

$100 - 45 =$ 🧽

2. _____ es el número _____ .

📕 $+ 2 = 24$

3. _____ es el número _____ .

$75 - 15 =$ 🎒

4. _____ es el número _____ .

7 Mira y escribe las horas sumando una hora y cinco minutos más a cada reloj.

Son las dos y veinte (de la tarde).

_____

_____

_____

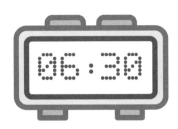

_____

_____

8 Escucha la canción *¿Quién soy?* y completa las fichas con la información de sus protagonistas.

Nombre:

Nacionalidad:

Edad:

Otra información:

Nombre:

Nacionalidad:

Edad:

Otra información:

9 A. Mira el árbol de la familia de Lola y Leo en la página 16 del Libro del alumno, escribe si estas frases son verdaderas (V) o falsas (F) y corrige la información de las frases falsas en tu cuaderno.

a. Curro tiene diecisiete años. ◯

b. A Pepe le gusta viajar en avión. ◯

c. Carlos, el padre de Leo, es mexicano. ◯

d. Lola tiene nueve años. ◯

e. A Chavela le gusta ir al cine, pintar y trabajar en el jardín. ◯

f. A Lupe no le gusta montar en bicicleta. ◯

g. Rosa es mexicana. ◯

h. A Felipe le gusta mucho el queso. ◯

i. El animal favorito de Leo es el gato y el de Sara el caballo. ◯

j. A Pablo le gusta el chocolate. ◯

B. Ahora, elige a una de las personas de la familia de Lola o de Leo y dibújala. Después, escribe un texto con la información del árbol y complétalo con su descripción física.

10 Lee y responde con los números en cifras y en letras.

1. El número de estudiantes que hay en tu clase.

2. Tu edad + la edad de tu mejor amigo.

3. El número de letras que tiene el abecedario español.

4. Tu número favorito + el día de hoy.

11 Mira la imagen de la página 11 del Libro del alumno y responde.

1. ¿Qué día de la semana es? ¿Y qué hora?

_____

2. ¿Qué está haciendo Leo?

_____

3. ¿Qué está haciendo el chico que está al lado de Leo?

_____

4. ¿Qué está haciendo la niña con el móvil?

_____

5. ¿Qué está haciendo la niña de las gafas azules?

_____

12 A. Completa la descripción del personaje con la información de la ficha.

Nombre: Santiago
Edad: 11 años
Nacionalidad: mexicana
Altura: 1, 47 m

Me llamo

_____,
tengo _____ y soy

_____.
Mido _____.
Soy _____, tengo
los ojos _____ y el
pelo _____.

B. Recorta, elige y pega la ropa de Santiago. Después, explica qué ropa lleva.

_____

_____

_____

_____

13 Relaciona cada animal con su información correspondiente.

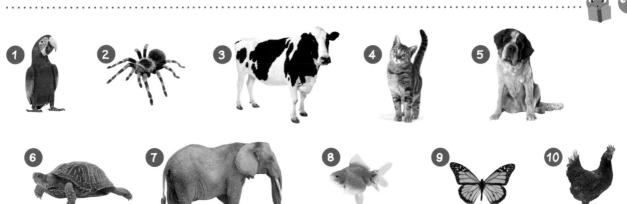

7	Tiene una trompa muy larga y las orejas muy grandes.
	Vive en el agua y nada muy bien.
	Tiene los bigotes largos y le gusta comer pescado.
	Sus alas son de colores y vuela de flor en flor.
	Nos da leche y vive en el campo.
	Tiene plumas de muchos colores y un pico muy fuerte.
	Es muy lenta y puede dormir dentro de su caparazón.
	Nos da huevos y tiene solo dos patas.
	Tiene cuatro patas y es muy amigo de las personas.
	Es muy pequeña y tiene ocho patas.

14 Elige un animal de la actividad 15 del Libro del alumno (página 18), busca información sobre él, marca las opciones correctas y dibújalo.

MI ANIMAL ES _____

1. Suele vivir en...
   ◯ la casa. ◯ la granja. ◯ la selva.

2. Tiene bigotes. ◯ Sí. ◯ No.

3. ◯ Camina. ◯ Vuela. ◯ Nada.

4. Come...
   ◯ animales. ◯ plantas.
   ◯ animales y plantas.

15 Recorta y juega con tu compañero: ¿qué están haciendo?

REGLAS DEL JUEGO (por parejas)

1. Recorta las tarjetas y ponlas bocabajo en la mesa.
2. Por turnos, cada jugador toma una tarjeta y dice qué están haciendo los protagonistas de las imágenes.
3. Si acierta y dice la frase correctamente, se queda la tarjeta. Si falla, la pone bocabajo en la mesa.
4. El juego termina cuando se acaben las tarjetas. Gana el jugador que consiga más tarjetas.

Están tocando la guitarra.

DESCUBRIR EL MUNDO
Los medios de comunicación

16 Relaciona los medios de comunicación con su imagen.

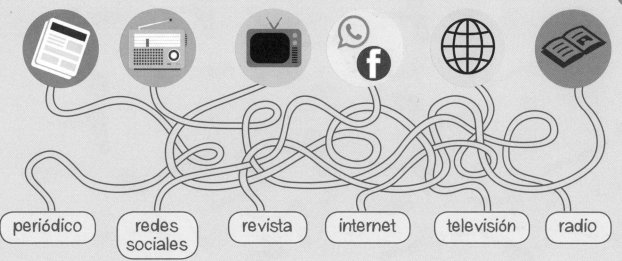

periódico · redes sociales · revista · internet · televisión · radio

17 ¿Qué puedes hacer con estos medios de comunicación?
Clasifica las palabras de las etiquetas. Hay varias posibilidades.

un periódico : un mensaje : una revista : una carta : por internet : un email

Hablar	Escribir	Enviar	Chatear	Leer

En casa de Min

1 Mira la imagen de la página 22 del Libro del alumno y responde.

1. ¿Dónde están Min y Lola? _____

2. ¿Qué tienen en las manos? _____

3. ¿Qué dos objetos hay para secarse? _____

4. ¿Con qué se peina Min? _____

5. ¿Quién está en la ducha? _____

6. ¿A qué hora se acuesta Lola? _____

2 Mira esta imagen y escribe cuántos objetos hay de cada.

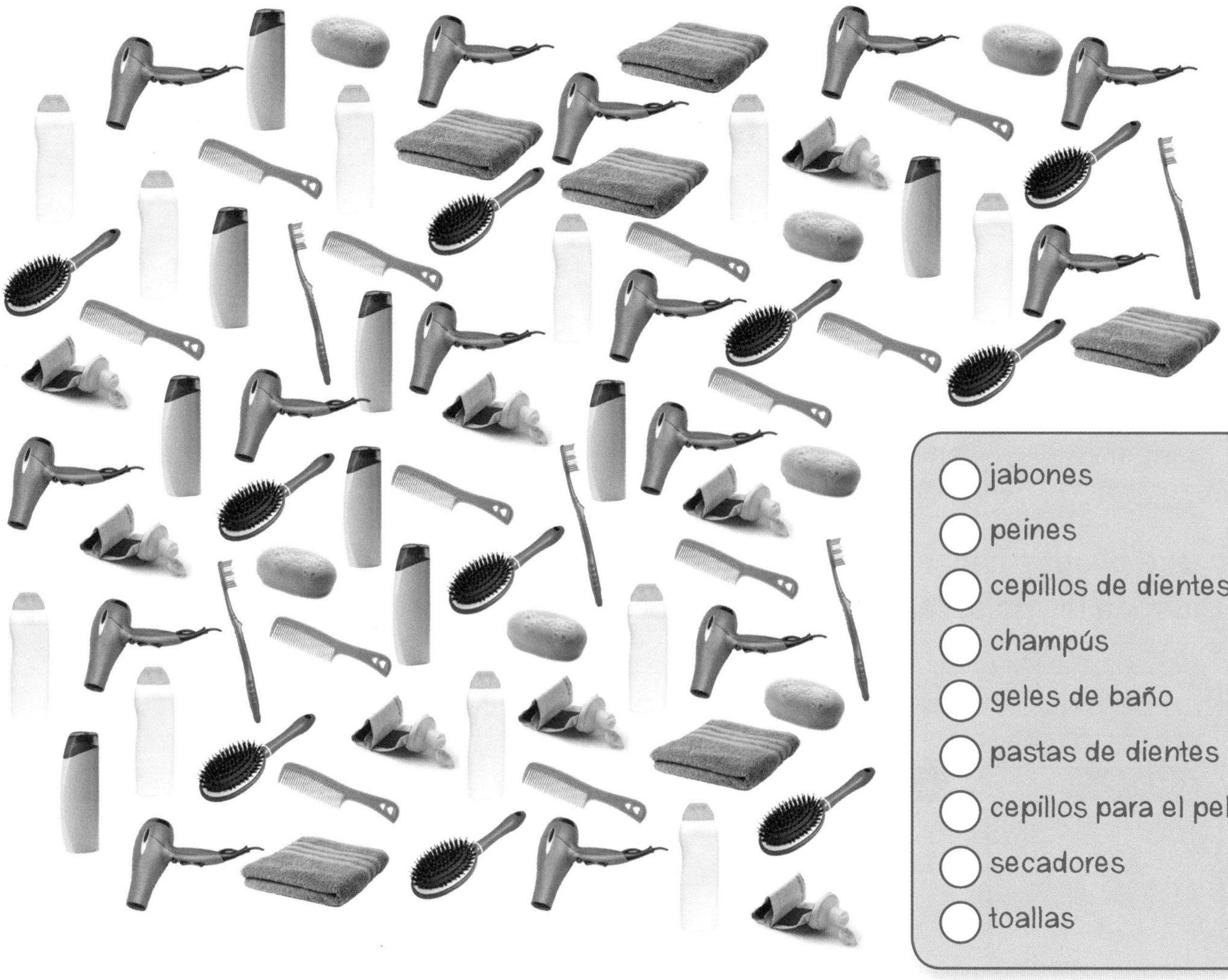

- ◯ jabones
- ◯ peines
- ◯ cepillos de dientes
- ◯ champús
- ◯ geles de baño
- ◯ pastas de dientes
- ◯ cepillos para el pelo
- ◯ secadores
- ◯ toallas

3 Mira y escribe frases, como en el ejemplo. Hay varias posibilidades.

Martina se lava los dientes tres veces al día.

Martina se lava los dientes por la mañana, por la tarde y por la noche.

Martina

Ideas que te pueden ayudar:

- por la mañana
- por la tarde
- por la noche
- a las… de la ma-ñana / tarde /noche

- todos los días
- tres veces al día
- pronto = temprano
- solo/a

Roberto

a. _____
_____
_____

Liliana

b. _____
_____
_____

Lars

c. _____
_____
_____

Elsa

d. _____
_____
_____

4 Lee y relaciona las frases.

Yo

¿Tú

Ella

Nosotros

¿Vosotros

Ellos

se visten solos.

os peináis con peine o con cepillo?

nos acostamos a las diez.

me ducho por las mañanas.

te secas el pelo con el secador o con la toalla?

se lava las manos con agua y jabón.

5 Lee y ordena las frases. Después, escucha y comprueba.

	Normalmente, se acuesta a las nueve y media.
	Por la noche, lee un cómic o ve una película con sus padres y su hermana.
	Dos veces a la semana, juega al baloncesto por la tarde en el equipo del barrio.
1	Se levanta a las siete, desayuna y va a clase en autobús.
	Después, hace los deberes y siempre se ducha antes de cenar.
	Come en el colegio todos los días.

Mira, esta es mi prima Laia. Vive en Barcelona.

6 Mira, lee y completa.

1. Por la mañana, Liliana se levanta a las siete y media.

2. Para lavarse los dientes, Min y Lola necesitan _____

   y 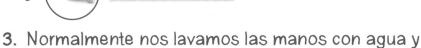 _____ .

3. Normalmente nos lavamos las manos con agua y _____ .

4. A mis hermanos les gusta desayunar _____ con

   _____ .

5. Yo _____ las manos con _____ .

6. Los sábados, Andrea _____ muy tarde, a las once.

7. ¿Tu _____ por la mañana o por la noche?

8. Mi hermano ya _____ y _____ solo.

7 Lee de nuevo la información sobre Yana y Martín en el Libro del alumno (pág. 28) y completa la tabla con una actividad para cada parte del día.

	Por la mañana	Por la tarde	Por la noche
Yana	Desayuna leche con galletas.		
Martín			

8 Completa los cuadros de estos verbos con las formas que faltan. ¡Ojo! Los dos últimos verbos son irregulares.

	LEVANTARSE	PEINARSE
yo	me levanto	
tú		te peinas
él, ella	se levanta	
nosotros/as		nos peinamos
vosotros/as	os levantáis	
ellos, ellas		se peinan

	ACOSTARSE	VESTIRSE
yo		me visto
tú	te acuestas	
él, ella		se viste
nosotros/as	nos acostamos	
vosotros/as		os vestís
ellos, ellas	se acuestan	

9 **A. Lee este blog y completa el texto con los verbos de las etiquetas.**

(hacer) (gustar) (vivir) (encantar) (ir) (comer) (ducharse) (tener) (tener)

(terminar) (levantarse) (acostarse) (chatear) (acostarse) (escuchar) (empezar)

✽✽✽✽ El BLOG de ANAHÍ ✽✽✽✽

Por Anahí Gómez ▪ 19/05/2019 ▪ Ver todos los comentarios

¡Hola! Soy Anahí, _____ once años y _____ en Madrid. _____ mucho leer y escribir. ¡Bienvenidos a mi nuevo blog! Hoy quiero contaros qué hago normalmente.

Normalmente _____ a las siete y media y desayuno con mis padres y mi hermano Kike. Luego _____ al colegio en autobús. Las clases _____ a las ocho y media y _____ a las dos. Casi siempre _____ en casa porque no me gusta la comida del cole.

Por la tarde voy al parque con mis amigos o _____ los deberes en casa. Los martes y jueves voy a clase de baile de cuatro a seis. ¡_____ bailar!

Mi hermano y yo siempre _____ antes de cenar. Después, yo _____ música o _____ por internet con mi prima Martina que vive en Buenos Aires.

Normalmente _____ a las nueve y media, pero mi hermano _____ más tarde porque _____ quince años.

Entradas recientes

Etiquetas

Comentarios

Contacto

En las redes

Buscar

B. Contesta a estas preguntas sobre el texto en tu cuaderno.

1. ¿Qué hace Anahí antes de ir al colegio?
2. ¿Cuál es su horario de clases?
3. ¿Qué hace por las tardes?
4. ¿Qué cosas le gusta hacer a Anahí?

10 A. Mira el vídeo de Claudia, lee y escribe verdadero (V) o falso (F).

1. Su día preferido es el domingo.	V
2. No le gusta jugar a los vídeojuegos con el móvil	
3. La abuela de Claudia cocina muy bien.	
4. Su papá prepara tostadas con mantequilla y mermelada.	
5. A Claudia le encanta montar en patinete en el parque.	
6. No le gusta comer con sus primos.	

B. Marca qué actividades hace Claudia en su vídeo.
Después, añade dos actividades más.

- ✓ Graba un vídeo.
- ○ Juega al baloncesto.
- ○ Escribe en un cuaderno.
- ○ Cocina con su abuela.
- ○

- ○ Monta en patinete.
- ○ Anda en bicicleta.
- ○ Saluda a sus amigos.
- ○ Se ducha.
- ○

11 Mira la imagen de la página 23 del Libro del alumno y escribe los nombres de los objetos que ves.

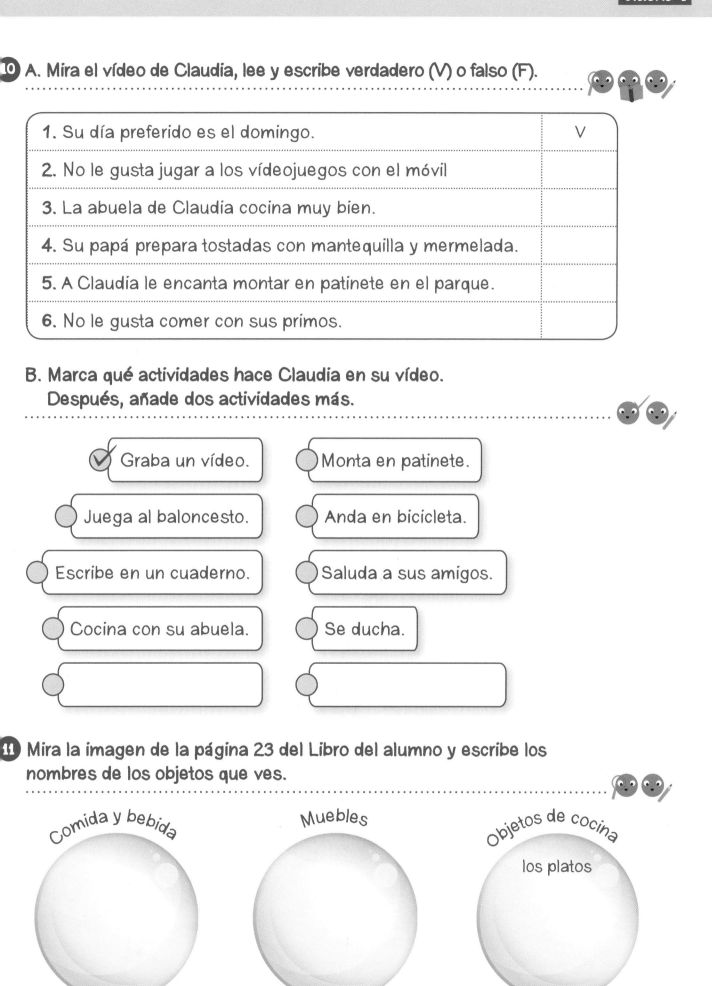

Comida y bebida

Muebles

Objetos de cocina

los platos

12 Lee la lista de alimentos y completa la tabla según tus costumbres.

¿CON QUÉ FRECUENCIA COMES ESTOS ALIMENTOS?

✓✓✓✓ todos los días, siempre	
✓✓✓ normalmente, casi siempre	
✓✓ a veces	
✗✓ casi nunca	
✗ nunca	

1. cereales 11. miel
2. yogur 12. tomate
3. leche 13. pepino
4. galletas 14. huevo
5. arroz 15. queso
6. atún 16. pizza
7. naranja 17. patata
8. manzana 18. limón
9. plátano 19. mango
10. fresa 20. chocolate

13 Laura vive en Oslo y Fran, en Elche. A los dos les encantan los vi™deojuegos. Ahora están hablando por Skype de sus horarios para poder jugar en línea. Lee, escucha y completa el diálogo.

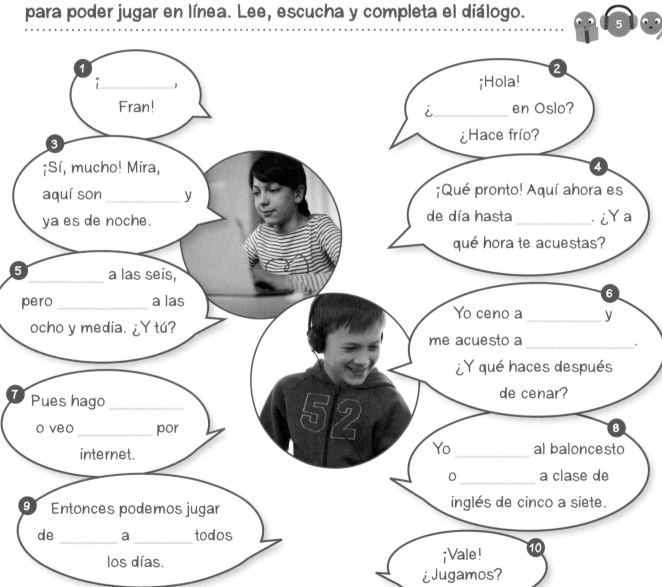

14 Recorta y pega las imágenes y los relojes. Después, ordena el día de Enric y completa como en el ejemplo.

13:30

comer   Enric come a la una y media.

15 Lee la letra de la canción *Me gusta estar bien* y prepara con dos compañeros una coreografía para representar el texto con mímica.

Me gusta ducharme.
Me gusta el olor a jabón.
Por eso yo me lavo
despacito y sin presión.

Me gusta el pelo limpio,
que brille como el sol,
y siempre yo me peino
cantando una canción.

Me ducho, me lavo,
me seco y me visto,
me voy a pasear
y mañana...
vuelvo a empezar.

Me gusta mi sonrisa
y tener los dientes blancos,
por eso los cepillo
mil veces cada vez.

Me gusta el pelo limpio,
que brille como el sol,
y siempre yo me peino
cantando una canción.

Me ducho, me lavo,
me seco y me visto,
me voy a pasear
y mañana...
vuelvo a empezar.

16 Completa la ficha siguiendo las intrucciones. Después, preséntala al resto de la clase.

INSTRUCCIONES

1. Elige un país hispanohablante, busca el mapa en internet o dibújalo y pégalo en la ficha.

2. Busca el nombre de la capital del país y señálala en el mapa.

3. Investiga cuál es el desayuno típico en el país que has elegido.

4. Pega las fotos y escribe un texto como los de la página 108 del Libro del alumno.

> Si lo necesitas, puedes consultar el diccionario.

El desayuno típico de _____

pega aquí
el mapa

pega aquí
las fotos de
los alimentos

pega aquí
las fotos de
los alimentos

pega aquí
las fotos de
los alimentos

En el planetario

1 A. Mira, lee y escribe verdadero (V) o falso (F).

INSTRUCCIONES

1. Mira la imagen de la página 36 del Libro del alumno durante 30 segundos y ciérralo.
2. Lee las frases y marca verdadero (V) o falso (F).
3. Comprueba.

1. Sara vio la proyección al lado de su madre. ◯

2. Leo no vio la proyección del espacio. ◯

3. El padre de Leo vio la proyección sin gafas. ◯

4. Leo fue al planetario con una camiseta azul. ◯

5. Lupe comió palomitas durante toda la proyección. ◯

6. Leo grabó toda la proyección con el móvil. ◯

Ahora tú B. Mira la imagen de la página 37 y escribe cuatro frases verdaderas o falsas. Tu compañero adivina.

1. _____
2. _____
3. _____
4. _____

2 Colorea las terminaciones de los verbos con rotuladores o lápices de colores.

	PASAR	COMER	RECIBIR
yo	pasé	comí	recibí
tú	pasaste	comiste	recibiste
él, ella	pasó	comió	recibió
nosotros/as	pasamos	comimos	recibimos
vosotros/as	pasasteis	comisteis	recibisteis
ellos, ellas	pasaron	comieron	recibieron

3 Cierra los ojos e imagina que eres un astronauta. Después, escribe tres cosas que hiciste ayer en el espacio.

Ayer descubrí un planeta nuevo.

(aprender) (viajar) (caminar) (hablar) (descubrir) (escuchar)

(escribir) (volar) (conocer) (ver)

4 Completa la tabla.

hice   fuiste   jugó   hicimos   jugasteis   fueron

fue   hicieron   fuisteis   jugué   jugamos   hiciste

hicisteis   fui   jugaron   hizo   jugaste   fuimos

	JUGAR	HACER	IR
yo			
tú			
él, ella			
nosotros/as			
vosotros/as			
ellos, ellas			

5 **A. Lee y completa con los verbos conjugados.**

~~hacer~~
subir
cenar

Ayer _____hice_____ surf en una playa fantástica. ¡ _____ a una ola de casi dos metros! Después _____ con mis padres en un restaurante cerca del mar para celebrarlo.

#playaFantástica #surf #olagigante #cena #familia

hacer
comer
pasar
jugar

¡Domingo de cumpleaños! Mis amigos y yo _____ un pícnic en el parque y fue muy divertido. _____ a la pelota y _____ de todo: tortilla, fruta, tarta de chocolate. ¡Lo _____ genial! ¡Gracias por todos los regalos!

#11años #parque #cumple

B. Escribe en tu cuaderno cómo fue tu último cumpleaños.

6 **Lee y responde a estas preguntas en tu cuaderno. Después, coméntalas con tu compañero.**

¿Hiciste muchas cosas el fin de semana pasado? ¿Te lo pasaste bien?

¿Cuál es la última película que viste en el cine? ¿Te gustó?

¿Qué hiciste en tus últimas vacaciones? ¿Te lo pasaste bien?

El fin de semana pasado hice muchas cosas. Fui a patinar con mis primos y me encantó y también fui a la piscina. ¡Me lo pasé muy bien! Y tú, ¿qué hiciste?

7 Recorta y juega con tus compañeros.

REGLAS DEL JUEGO
(en grupos de tres)

1. Recorta y prepara los dados.
2. Por turnos, cada jugador tira los dados e inventa una frase, como en el ejemplo.
3. Cada jugador juega, como mínimo, tres rondas.
4. Cada frase correcta, suma un punto y no se pueden repetir las frases de los compañeros.
5. Gana el jugador que consiga más puntos.

AYER

Ayer jugué con mi hermana al tenis.

8 A. Mira la imagen de la página 37 del Libro del alumno y completa con los *números escritos en letra*.

1. Sara ganó _____ puntos.

2. Leo ganó _____ puntos.

3. Galileo observó el espacio por primera vez en _____ .

4. El hombre llegó a la Luna en _____ .

B. Ahora, busca y colorea las siguientes cifras.

(mil ochocientos setenta y cuatro)   (dos mil trescientos)

(setecientos veintiséis)   (cinco mil cuarenta y nueve)

(mil cuatrocientos once)   (tres mil noventa y tres)

123345598923949488343128943243043938
415049632746374632300854587458437264
657471411356756485747458948492187473 6

9 Lee, escucha y completa.

1

Galileo Galilei nació el 15 de febrero de _____ en Italia. Fue un astrónomo, filósofo, matemático, ingeniero y físico. Observó por primera vez el espacio con un telescopio, en el año _____.

2

Valentina Tereshkova nació el 6 de marzo de _____ en Rusia. Fue la primera astronauta mujer que viajó al espacio, en _____.

3

Neil Armstrong nació el 5 de agosto de _____ en Estados Unidos. Estudió Ingeniería Aeroespacial y fue el primer hombre que pisó la luna, en el año _____.

4

Arnaldo Tamayo Méndez nació el 29 de enero de _____ en Cuba. Fue piloto y astronauta. En _____ se convirtió en el primer latinoamericano en volar al espacio.

10 **Ahora tú** ¿En tu país hay alguna persona importante en el mundo de la astronomía o de la aeronáutica? Busca información y una foto en internet, y escribe una biografía como las de arriba.

Pega aquí la foto.

11 Lee y completa las frases.

1. Ayer Clara (IR) _____fue_____ a la playa, pero no (BAÑARSE) _____.
   ¡Qué chica tan rara!

2. Javi, ¿(HACER) _____ todos tus deberes la semana pasada?

3. Anoche (yo, DUCHARSE) _____ y (yo, LAVARSE) _____ el pelo.

4. El fin de semana pasado, Sam (HACER) _____ muchas cosas:
   (DORMIR) _____ en casa de su amigo Rui y (PASAR) _____
   todo el día con su familia.

5. Yo (NACER) _____ el 20 de abril de 2009 a las 17.33 h y mi
   hermana (NACER) _____ dos minutos después. Así que...
   ¡yo soy la mayor!

6. El hombre (PISAR) _____ la Luna por primera vez en 1969.

12 Lee y completa. Compara tus respuesta con las de un compañero.

1. La actividad **más** divertida **de** esta unidad es _____.

2. El personaje **más** simpático **de** este libro es _____.

3. La persona **más** importante **de** mi vida es _____.

4. La palabra **más** difícil **en** español es _____.

5. El juego **más** divertido **de** la clase de español es _____.

6. La palabra **más** bonita **en** mi idioma es _____.

13 A. Mira el vídeo y completa.

NUESTRO SISTEMA SOLAR

1. Para nosotros, el Sol es la estrella _____ que hay en el espacio.

2. Mercurio es el planeta _____ al Sol.

3. Venus es el planeta _____ .

4. Júpiter es el planeta _____ .

5. Neptuno es el planeta _____ .

B. ¿Sabes que hasta el año 2006 Plutón fue considerado el noveno planeta de nuestro sistema solar? Busca en internet más información y después compártela con tus compañeros.

14 Mira y escribe la posición de los elementos coloreados.

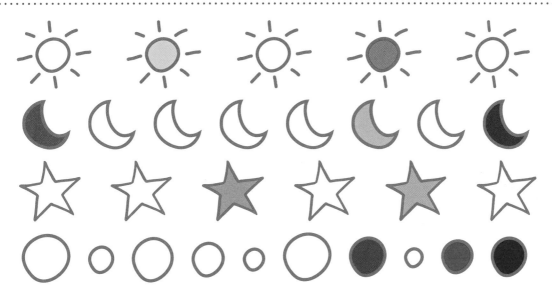

1. El _segundo_ sol es amarillo.

2. El _____ sol es naranja.

3. La _____ luna es azul.

4. La _____ luna es verde.

5. La _____ luna es lila.

6. La _____ estrella es gris.

7. La _____ estrella es rosa.

8. El _____ planeta es marrón.

9. El _____ planeta es rojo.

10. El _____ planeta es negro.

15 A. Mira, escribe y juega con tu compañero.

> **REGLAS DEL JUEGO** (por parejas)
>
> 1. Cada jugador mira la imagen de las páginas 36 y 37 del Libro del alumno.
> 2. Elige seis elementos y escribe una palabra en cada uno de los cuadros de abajo.
> 3. Tapa cada palabra con un pósit y escribe encima la primera letra de la palabra.
> 4. Por turnos, cada jugador elige una letra y trata de adivinar la palabra oculta.
> 5. Cada acierto suma un punto.
> 6. Gana el jugador que consiga más puntos.

1

2

3

4

5

6

B. Ahora, elige tres de tus palabras y escribe tres frases.

1. _____

2. _____

3. _____

A. Escucha la canción ¡El finde se acabó! y completa.

• Días de la semana: _____

• Actividades: _____

• Comidas: _____

B. Ahora, completa la canción con tus frases. Después, practica y graba una nueva canción.

Hoy ya es lunes.
¡El finde se acabó!
Hice tantas cosas,
que el tiempo voló.

_____
_____
_____

¡Y el sábado se acabó!

Hoy ya es lunes.
¡El finde se acabó!
Hice tantas cosas,
que el tiempo voló.

_____
_____
_____

_____

En un plis plas, se
acabó el fin de semana.
Hoy ya es lunes.
¡El finde se acabó!

DESCUBRIR EL MUNDO
La estrella Cervantes y sus planetas

Crea un cuestionario y juega con tus compañeros.

REGLAS DEL JUEGO (en grupos de tres)

1. Buscad más información en internet sobre Cervantes, su libro *Don Quijote de la Mancha* y la estrella Cervantes y sus planetas.

2. Cread tres preguntas. Cada pregunta tiene que tener tres respuestas (a, b, c), pero solo una puede ser correcta.

3. Después, por turnos, cada equipo hace una pregunta a los compañeros de los otros equipos.

4. Cada acierto suma 1 punto.

5. Gana el equipo que consiga más puntos.

Ideas que te pueden ayudar:

• ¿Dónde nació Cervantes?

• ¿En qué año murió Cervantes?

• ¿En qué año se publicó *Don Quijote de la Mancha*?

• ¿Cómo se llama la constelación de la estrella Cervantes?

¿Qué te pasa?

1 Mira la imagen de las páginas 50 y 51 del Libro del alumno y contesta a estas preguntas.

a. ¿Qué personajes no están enfermos?

_____

b. ¿Por qué le duele la barriga a Lola?

_____

c. ¿Qué le pasa a Pablo?

_____

d. ¿Qué tiene Pepe en la mano? ¿Para quién es?

_____

e. ¿Cómo se dice en tu lengua la caja blanca que hay encima de la mesa? ¿Y en español? Búscalo en el diccionario.

_____

2 Mira y escribe debajo el nombre de estas partes del cuerpo. Después, marca en verde las palabras en plural.

las manos

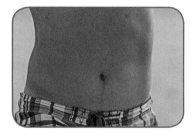
_____

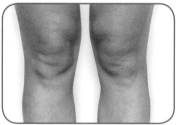
_____

_____

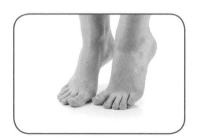
_____

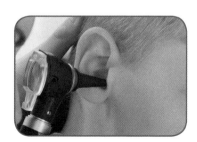
_____

3 Lee y marca la opción correcta. Puede haber varias posibilidades.

A Leo le gusta el helado, pero hoy no puede tomarlo porque...
○ le duelen las rodillas.
○ le duele la garganta.
○ le duelen los pies.

A Igor le gusta nadar, pero hoy no puede ir a la piscina porque...
○ le duelen los pies.
○ le duelen las rodillas.
○ le duelen los oídos.

A Ana le gusta el fútbol, pero hoy no puede jugar porque...
○ le duelen las rodillas.
○ le duele el codo.
○ le duele la mano.

A Isa le gustan los dulces, pero hoy no puede comerlos porque...
○ le duelen las manos.
○ le duele la barriga.
○ le duelen los oídos.

4 A. Lee, elige la forma adecuada y completa las frases con el verbo doler.

me duele	te duele	le duele	nos duele	os duele	les duele
me duelen	te duelen	le duelen	~~nos duelen~~	os duelen	les duelen

1. Ayer hicimos una excursión por la montaña y hoy __nos duelen__ los pies.

2. Por favor, baja un poco la música. _____ la cabeza.

3. Lola, Min, ¿por qué no queréis helados? ¿_____ la garganta?

4. ¿Qué te pasa, Curro? ¿_____ los oídos?

5. Ayer Marcela comió muchos dulces y ahora _____ la barriga.

6. El domingo mis primas Julia y Lorena se cayeron de la bici y ahora _____ las rodillas.

7. Mamá, hoy no puedo ir a clase de tenis porque _____ los codos.

B. Ahora, escribe frases con los verbos de las etiquetas que no has utilizado.

5 Escribe y juega con un compañero: ¿qué te pasa?

REGLAS DEL JUEGO

1. Escribe el nombre de una parte del cuerpo en un pósit.

2. Sin que tu compañero lo lea, pégalo en su frente. Él también tiene que pegar el suyo en tu frente.

3. Por turnos, os preguntáis: **¿Qué te pasa?**

4. Gana el primero que acierte.

6 Escucha y relaciona las frases con las imágenes. Después, explica qué les pasa (utiliza los verbos estar y tener).

¿Qué les pasa?

1. Rosa está enferma. Está en el hospital.

2. _____

3. _____

4. _____

5. _____

6. _____

7 Mira y completa la tabla con tus lápices o rotuladores de colores.

	ESTAR	TENER
yo	estoy	
tú		tienes
él, ella	está	
nosotros/as		tenemos
vosotros/as	estáis	
ellos, ellas		tienen

8 Mira los *emojis* y escribe qué le pasa a la familia de Lola.

5 estar enfermo/a

7 tener una herida en...

a. Lola y su madre **5** están enfermas.

b. Lola **1** **4** _____

c. La madre de Lola **2** **3** **6** **8** _____

_____

d. Pablo **7** _____

9 Lee y completa el dibujo según su estado físico.

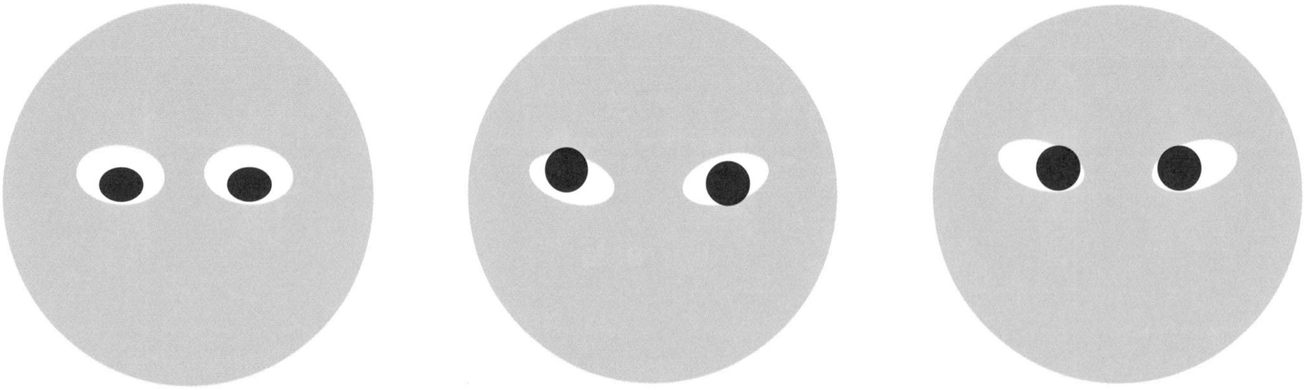

| Está muy mal. Tiene fiebre. | No está bien. Está mareado. | Está bien, pero tiene tos. |

10 Recorta, lee y crea diferentes diálogos. Si lo necesitas, puedes escribir otros mensajes en los bocadillos en blanco.

A ver... Empiezo con esta frase: Hola, ¿qué tal?

11 Lee y completa los pronombres y otras partes del cuerpo.

a mí ____
a ti ____
a él, a ella ____
a nosotros/as ____
a vosotros/as ____
a ellos, a ellas ____

duele

duelen

el codo

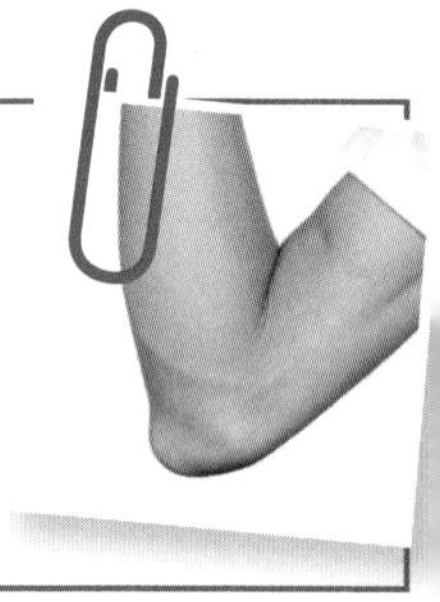

las rodillas

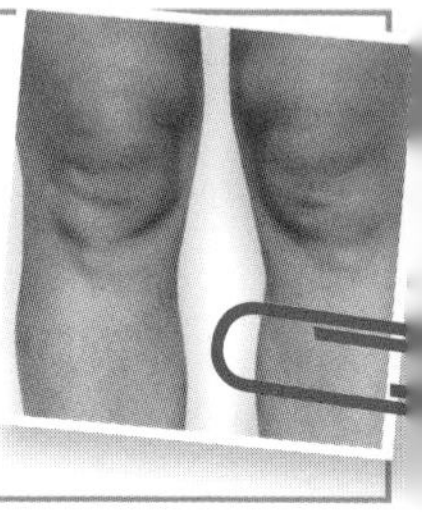

12 Lee esta nube de palabras en forma de estrella de la UNIDAD 2 y crea una con forma de cruz roja con las palabras de esta unidad.

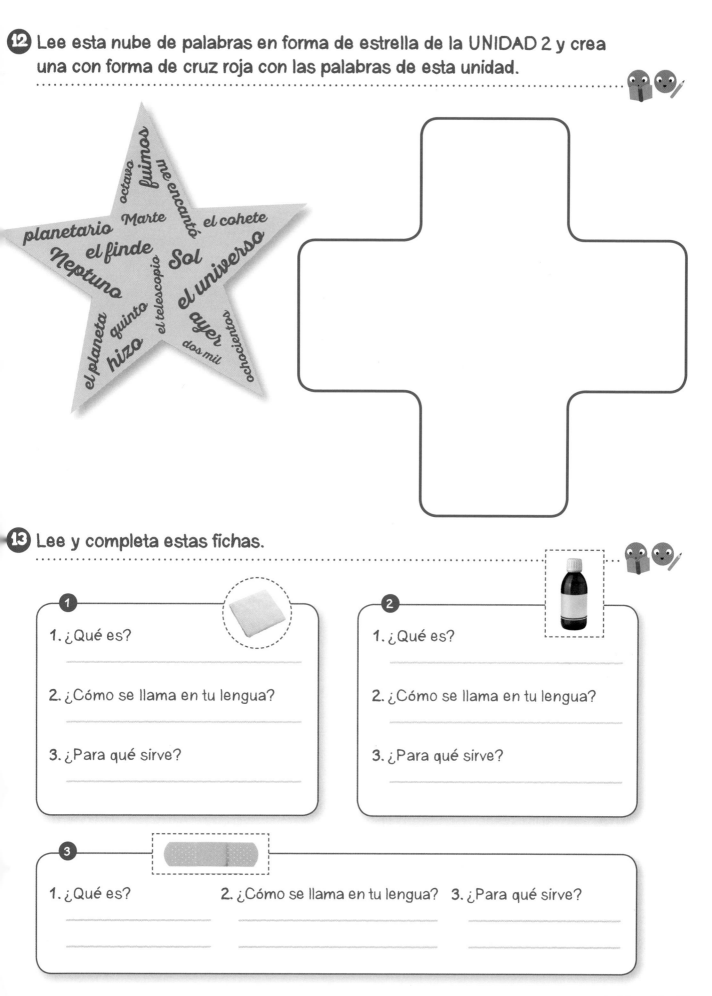

octavo fuimos me encantó
planetario Marte el cohete
Neptuno el finde Sol el universo
el telescopio
el planeta quinto hizo ayer colección dos mil

13 Lee y completa estas fichas.

1
1. ¿Qué es?

2. ¿Cómo se llama en tu lengua?

3. ¿Para qué sirve?

2
1. ¿Qué es?

2. ¿Cómo se llama en tu lengua?

3. ¿Para qué sirve?

3
1. ¿Qué es?   2. ¿Cómo se llama en tu lengua?   3. ¿Para qué sirve?

14 Lee y contesta.

- ¿Para qué sirve un botiquín?

  _____

- ¿En tu casa hay botiquín? ¿Sabes dónde está?

  _____

- ¿En tu colegio hay botiquín? ¿Sabes dónde está?

  _____

- Escribe cinco cosas que hay normalmente en un botiquín.

  _____

  _____

15 Mira, lee y escribe qué les pasa y qué tienes que hacer para ayudarlos.

Mi primo Guillermo se cayó de la bici y tiene _____ en la rodilla. Tengo que limpiarla con _____ y _____.

Mi amiga Anne no está muy bien. Le duele _____. Tengo que pedirle a la profesora _____ para el dolor.

Mi hermano está _____ y tiene mucha _____. Tengo que ir a la farmacia y comprar _____ para la tos.

María _____

_____

16 Lee esta conversación entre Raúl y su padre, y contesta.

Raúl, ¿estás en casa? Hoy tienes que ordenar tu habitación.

Y tienes que hacer los deberes, ¿eh?

Sí, estoy haciendo los deberes... Mañana ordeno la habitación, ¿vale?

No, mañana tenemos que ir a comprar los libros nuevos.

Y tengo que ir al médico otra vez. Todavía me duele la rodilla...

1. ¿Qué tiene que hacer Raúl hoy?

_____

_____

2. ¿Qué tienen que hacer Raúl y su padre mañana?

_____

_____

3. ¿Crees que Raúl va a ordenar su habitación?

_____

_____

17 Ahora, escucha el diálogo entre Raúl y Marta y completa las series.

11

ordenar		
ayudar a		
hacer		

18 Lee y relaciona.

1 ¿Te ayudo a...?

2 ¿Te ayudo con...?

2 los deberes   **1** buscar las llaves   los libros   limpiar la herida   la tirita

ordenar tu habitación   preparar el desayuno   el examen de mañana

19 Escucha la canción *Me duele aquí* y ordena la letra.

○ Hola, amiga, ¿qué te pasa? Veo que tienes mala cara. Me duele la barriga, ayer comí mucha mermelada.

○ Me duele aquí, aquí, aquí... ¡No estoy muy bien!

○ Hola, amiga, ¿qué te pasa? Veo que tienes mala cara. Me duele la barriga, estoy mareada.

○ Me duele aquí, aquí, aquí... ¡No estoy muy bien!

○ Me duele la cabeza, se me tapa la nariz. Estoy resfriada. ¡Achís, achís, achís, achís!

○ Me duelen las rodillas y las manos también. Tengo dos heridas. ¡Y ahora ya estoy bien!

DESCUBRIR EL MUNDO
Deportes olímpicos

20 Lee y relaciona.

1. Representan la cultura del país anfitrión. Normalmente es un animal o una figura humana y nos divierten un montón. **¿Qué son?**

○
la llama olímpica

2. Son para los mejores deportistas. Son de oro, de plata y de bronce. **¿Qué son?**

○
la bandera olímpica

3. Hace un recorrido muy largo por varios países de mano en mano y mientras hay fuego, hay juego. **¿Qué es?**

○
las medallas olímpicas

4. Es el símbolo de los Juegos Olímpicos. Está formada por cinco aros de colores que representan a los cinco continentes. **¿Qué es?**

○
las mascotas olímpicas

la feria verde

1 Colorea las verduras y hortalizas que conoces y escribe su nombre. Después, si quieres, puedes buscar en el diccionario el nombre de las que no conoces.

2. _____

4. _____

6. _____

1. _____

3. _____

5. _____

8. _____

10. _____

7. _____

9. _____

11. _____

2 Mira la imagen de las páginas 64 y 65 del Libro del alumno y contesta.

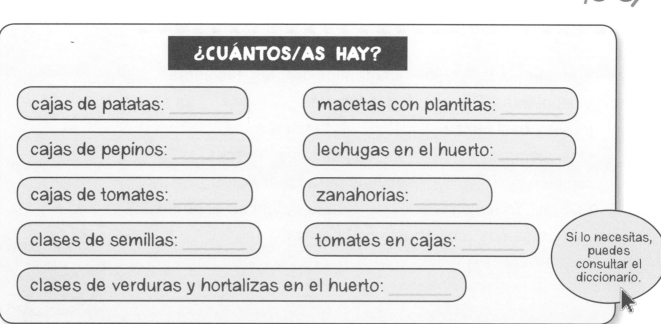

¿CUÁNTOS/AS HAY?

cajas de patatas: _____

macetas con plantitas: _____

cajas de pepinos: _____

lechugas en el huerto: _____

cajas de tomates: _____

zanahorias: _____

clases de semillas: _____

tomates en cajas: _____

clases de verduras y hortalizas en el huerto: _____

Si lo necesitas, puedes consultar el diccionario.

3 Mira, lee y relaciona la imagen con su frase correspondiente.

> Organizar las frutas, las hortalizas y las verduras

> Recoger las verduras, las hortalizas y las frutas del huerto

> Plantar semillas y plantas

> Regar las plantas

4 Lee, mira la tabla y completa con la acción según su frecuencia.

✓✓✓✓ todos los días, siempre	~~cuidar~~
✓✓✓ normalmente, casi siempre	regar
✓✓ a veces	plantar
✗✓ casi nunca	cortar
✗ nunca	jugar

A mi abuela Esther le encantan los árboles, las flores y las plantas. Por eso, **todos los días** _cuida_ su jardín y **casi nunca** _____ las flores.
Casi siempre _____ las plantas y, **a veces**, también _____ semillas para tener flores nuevas. Yo **nunca** _____ a la pelota en el jardín porque sé que a mi abuela no le gusta.

> Si lo necesitas, puedes consultar el diccionario.

5 Mira, lee y escribe un comentario usando las expresiones del recuadro.

es bueno...
es importante...
tiene/n que...

Daiane y su familia pasean en bici una vez al mes. Es importante hacer deporte todas las semanas.

Pablo no sabe cocinar.

_____

_____

_____

Ramiro casi nunca come verduras y hortalizas.

_____

_____

_____

6 Mira y escribe el nombre de la parte de la planta señalada.

el cocotero

las hojas _____

la papa / la patata

_____

el pimiento / el chile

_____

la zanahoria

_____

el pepino

_____

la fresa

_____

7 A. ¿Recuerdas el significado de este símbolo? Completa las palabras.

_____ _____ DUCIR

_____ _____ UTILIZAR

_____ _____ CICLAR

Puedes consultar la página 55 del Libro del alumno de *Lola y Leo 2*.

B. Ahora, lee y completa las frases con las palabras del apartado A.

1. Es bueno _____ las cajas, las bolsas y las botellas para hacer cosas nuevas, como juguetes o manualidades.

2. Es importante _____ el uso del agua en la ducha.

3. Tenemos que _____ la basura y separarla en los distintos contenedores.

8 Mira las imágenes y coloca cada objeto en su contenedor de reciclaje. Si lo necesitas, puedes consultar el diccionario.

vidrio   orgánico   papel   plástico y metal   electrónico

9 A. Lee, elige ocho verbos y escríbelos en la presona tú del imperativo.

abrir   regar   recoger

ordenar   cuidar   colocar

cortar   poner   dormir

plantar   hacer   subir

crecer   vivir   comer

abre		

B. Ahora, juega al bingo de los imperativos. Marca los verbos que escuches. El primero que marque todos los verbos grita ¡bingo!

13

10 A. Mira la foto. Después, completa los pasos para preparar esta receta con los verbos del cuadro.

BATIDO SUPERROSA

lavar   cortar   meter   poner   añadir   pelar

1. ___Lava___ , _____ y _____ la fruta.

2. _____ azúcar y leche.

3. _____ los ingredientes en la batidora.

4. _____ el batido en un vaso con una pajita.

B. Ahora, con la información de la foto y de la receta, completa la lista de ingredientes.

INGREDIENTES
_____
_____
_____
_____

11 Lee y completa el diálogo con la, las, lo, los.

un mango | tres o cuatro fresas | dos plátanos | una manzana

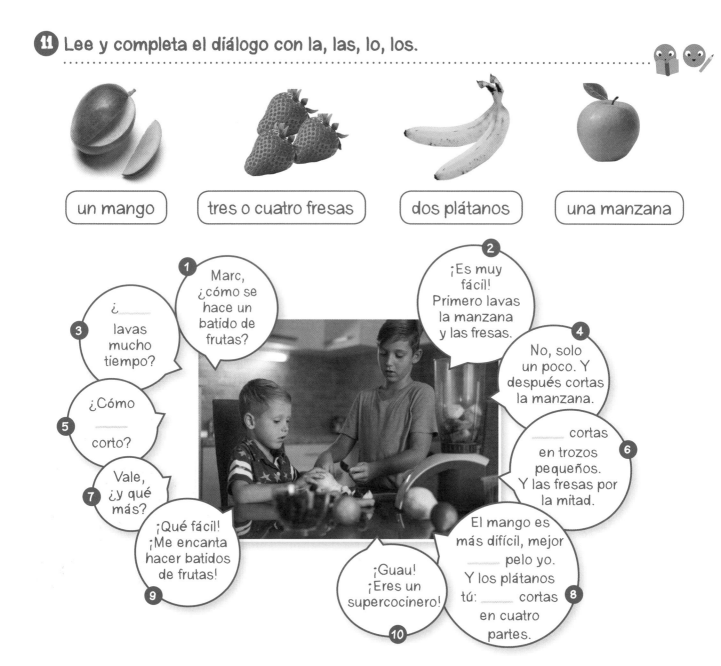

1 Marc, ¿cómo se hace un batido de frutas?

2 ¡Es muy fácil! Primero lavas la manzana y las fresas.

3 ¿____ lavas mucho tiempo?

4 No, solo un poco. Y después cortas la manzana.

5 ¿Cómo ____ corto?

6 ____ cortas en trozos pequeños. Y las fresas por la mitad.

7 Vale, ¿y qué más?

8 El mango es más difícil, mejor ____ pelo yo. Y los plátanos tú: ____ cortas en cuatro partes.

9 ¡Qué fácil! ¡Me encanta hacer batidos de frutas!

10 ¡Guau! ¡Eres un supercocinero!

12 Completa la tabla con los nombres de las frutas de la actividad anterior.

GRAMÁTICA VISUAL		
Singular	lo ➡ _____	la ➡ _____
Plural	los ➡ _____	las ➡ _____

13 Mira estas adivinanzas visuales y escribe una frase como en el ejemplo.

cortar

No cortes el pimiento con el cuchillo grande, córtalo con el pequeño.

poner

pelar

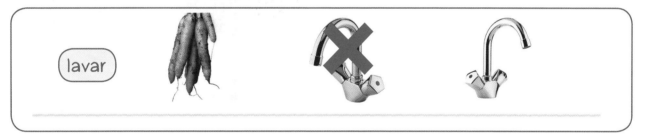

lavar

hacer

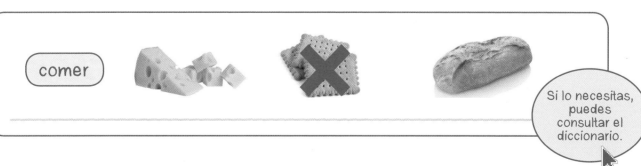

comer

Si lo necesitas, puedes consultar el diccionario.

14 Lee, escucha y completa el diálogo.

• ¡Buenos días, doctor! Gracias por venir a la radio de nuestro colegio.

○ ¡De nada, Alejandra! Me encanta estar aquí.

• Esta semana organizamos una feria ecológica y quiero _____ una lista de consejos para una vida sana. ¿Me ayudas?

○ ¡Claro! A ver, el primer consejo: _____ mucha agua y _____ frutas y verduras todos los días.

• Perfecto. ¿Y qué más?

○ _____ ocho horas y _____ deporte varias veces a la semana.

• Y también es bueno _____ mucho tiempo con nuestros amigos y nuestra familia.

○ ¡Claro! Es muy importante.

• ¡Sí! Es lo más importante.

15 Escucha la canción *El baile de la vida sana*, lee y relaciona.

Verduras y frutas	*pa* la vida sana y un corazón feliz.
Naranja y manzana	te dan mucha fuerza.
Banana y fresa, cebolla y tomate	no hay que olvidar comer cada día para sano estar.
Cebolla y patatas, lechuga y maíz	se comen también toda la semana.

16 Lee, recorta y juega.

REGLAS DEL JUEGO (por parejas)

1. Recortad las tarjetas.
2. Colocadlas bocabajo sobre la mesa.
3. Por turnos, cada jugador toma dos tarjetas.
   Si corresponde la frase con la imagen, se las queda.
   Si no, las pone de nuevo en la mesa bocabajo.
4. El juego termina cuando se formen todas las parejas.
   Gana el jugador que consiga más tarjetas.

No hables por teléfono en clase.

DESCUBRIR EL MUNDO
El cacao y sus semillas

17 A. Mira la foto y lee los ingredientes. Hay dos intrusos: ¿cuáles son?

¿Qué necesitas para preparar bombones de chocolate?

☐ cacao en polvo   ☐ mantequilla

☐ sal   ☐ galletas

☐ chispas de colores ☐ huevos

B. Completa la receta de los bombones de chocolate con los verbos del recuadro en imperativo y comprueba tus respuestas del apartado A.

a. _____ las galletas dentro de un bol y _____ las con un tenedor.

b. _____ la mantequilla y el cacao.

c. _____ todos los ingredientes muy bien.

d. Ahora, _____ pelotitas con las manos.

e. _____ las con las chispas de colores y...
¡a comer!

tú
poner
romper
decorar
mezclar
hacer
añadir

Animales de película

1 Mira la imagen de las páginas 78 y 79 del Libro del alumno y contesta.

1. ¿Dónde están los protagonistas de esta unidad?

2. ¿Qué quieren hacer Lola y sus amigos?

3. ¿Qué están haciendo Pablo y Fátima?

4. Según los objetos que ves, escribe tres actividades que les gusta hacer a Lola y sus amigos.

2 Mira de nuevo la imagen y responde.

¿Cómo se llaman las películas de animales del canal TELE–NET?	¿Qué animales salen en ellas?
•	•
•	•
•	•
	•
	•

Si lo necesitas, puedes consultar el diccionario.

3 Colorea en rojo el nombre de los animales que viven en granjas o en casas, en azul los que viven en la sabana y en verde los que viven en la selva.

patojirafaleóngallinaelefantegatoloro
anacondahámstermonoperrotucánvaca
tigrecaballocebratarántulahipopótamo
burrococodrilocabrarinoceronteconejo

4 Lee la información que aparece en esta página web y participa.

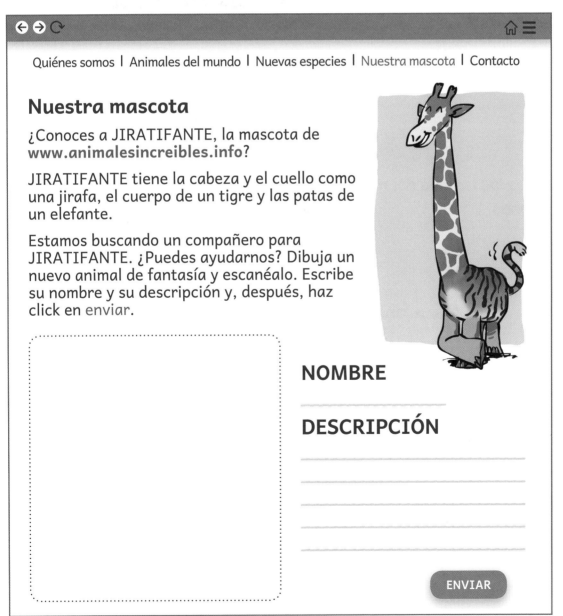

Quiénes somos | Animales del mundo | Nuevas especies | Nuestra mascota | Contacto

Nuestra mascota

¿Conoces a JIRATIFANTE, la mascota de **www.animalesincreibles.info**?

JIRATIFANTE tiene la cabeza y el cuello como una jirafa, el cuerpo de un tigre y las patas de un elefante.

Estamos buscando un compañero para JIRATIFANTE. ¿Puedes ayudarnos? Dibuja un nuevo animal de fantasía y escanéalo. Escribe su nombre y su descripción y, después, haz click en enviar.

NOMBRE

DESCRIPCIÓN

ENVIAR

5 Lee este texto sobre el tucán y marca las seis datos falsos.
Escribe la información correcta abajo.

El tucán

El tucán es un ~~mamífero~~ que vive en la sabana.
Es muy fácil de reconocer porque tiene un cuello muy largo, pelos negros y blancos y unas patas muy largas. Tiene una trompa naranaja muy grande.

1. ave _____
2. _____
3. _____

4. _____
5. _____
6. _____

6 Recorta y pega las tarjetas del material recortable para completar las descripciones.

1. El ☐ es un animal ☐ ☐ ☐

2. La ☐ es una araña ☐ ☐ ☐

3. El ☐ es un mamífero ☐ ☐ ☐

7 Mira las fotos y escribe frases usando que. Hay varias posibilidades.

1. El cocodrilo es un reptil _____

_____ .

2. Los carnívoros son animales _____

_____ .

3. El elefante es un animal _____

_____ .

4. El tigre es un felino _____

_____ .

5. El tucán es un ave _____

_____ .

6. La anaconda es un reptil _____

_____ .

8 Mira el cuadro y escribe las formas con los colores correctos.
Usa tus rotuladores o lápices de colores.

| estar ➡ estado | comer ➡ comido | dormir ➡ dormido |

1. cantar _____
2. beber _____
3. vivir _____
4. leer _____
5. escuchar _____

6. jugar _____
7. oír _____
8. estudiar _____
9. tener _____
10. conocer _____

9 Completa la tabla. Utiliza el código de colores para diferenciar las formas. Usa tus rotuladores o lápices de colores.

	JUGAR	TENER	VIVIR	HACER	VER
yo	he jugado				
tú				has hecho	
él, ella			ha vivido		
nosotros/as					hemos visto
vosotros/as			habéis vivido		
ellos, ellas		han tenido			

10 Escribe las frases en el orden correcto.

| en | he | México. | nunca | estado | ~~Yo~~ |

Yo

| Nosotros | muchas | esta | visto | película | hemos | veces. |

| Min | ha | al | una vez. | jugado | tenis |

11 Mira estas fotos y escribe qué han hecho estos niños.

(ir al cine juntas) (viajar en avión) (jugar al baloncesto) (vivir en París)

(✕ nunca)

María y Eva _____

(✓✓✓ muchas veces)

Julián _____

(✓ una vez)

Mi hermano pequeño _____

(✓✓✓ muchas veces)

Graciela y yo _____

12 Lee estas dos conversaciones y completa los diálogos.

1

Hola, Luisa. ¿Qué tal?

Bien. ¿Y tú?

Estoy un poco aburrido…
¿_____ jugar al
tenis conmigo?

_____. Tengo
clase de inglés… 😜

😔

2

Hola, Mario.
¿Qué haces?

Estoy haciendo
los deberes.

Oye, ¿_____ ir
al parque después?

_____ ¿A las
siete? 😄

¡Genial! Hasta luego. 😘

13 Escucha el diálogo y completa.

16

1 ¿Diga?

2 Hola, Luisa. Soy Carlos, el _____ de Laura.

3 Hola, Carlos. ¿Cómo estás?

4 _____. Hoy es el _____ de Laura. Vamos a hacer una _____ en casa y Laura quiere invitar a algunos _____.

5 ¡Qué bien!

6 ¿_____ venir Diego?

7 _____ ' _____.

8 ¡Genial!

9 ¿A qué hora _____?

10 A las _____.

11 _____. ¡Hasta luego!

12 ¡_____!

14 Encuentra el animal intruso de cada serie y escribe por qué. Puede haber varias posibilidades.

1 león   tigre   tarántula   cebra

_____

2 mono   elefante   tarántula   tucán

_____

3 jirafa   león   cebra   cocodrilo

_____

4 rinoceronte   hipopótamo   jirafa   mono

_____

15 Juega a los detectives: lee las pistas, mira las siluetas y averigua cuál es el animal favorito de cada persona.

1 Los animales favoritos de Carlos y Sarai son animales muy grandes.

2 A Jude y a Nina les encantan los felinos.

3 El animal que le gusta a Nina tiene el pelo largo y el favorito de Jude tiene rayas.

4 El animal que no tiene patas es el animal favorito de Marina.

5 El animal favorito de Sarai tiene trompa.

6 El animal favorito de Carlos tiene las patas muy cortas.

Carlos

Nina

Marina

Jude

Sarai

16 Recorta los animales de la página 95. Después, escucha la canción *Tengo una selva dentro de mi casa* y pégalos en la parte correspondiente de la casa.

17 Lee y adivina qué animal es.

1
Tiene una cola larga
y el viento su pelo peina.
Él es el rey de la selva
y su mujer es la reina.

2
A veces está en el circo
y en el zoológico también
y tiene la nariz más larga
que en el mundo puedes ver.

3
Es un animal salvaje
y no duerme en una cama.
Corre como un caballo
y su piel parece un pijama.

DESCUBRIR EL MUNDO
Animales en peligro de extinción

18 Lee la ficha del lince ibérico y escribe un texto con toda esta información.

Nombre: lince ibérico.
Hábitat: sur de España.
Alimentación: conejos, liebres, aves.
Características: felino; pelo con manchas, orejas puntiagudas, cola muy corta, patas largas y fuertes para correr rápido y saltar; muy buena vista; peso: menos de 20 kg; especie en peligro de extinción.

Superleo

1 Mira las páginas 92 y 93 del Libro del alumno, lee las frases y marca verdadero (V) o falso (F). Corrige la información falsa.

a. Leo y sus compañeros están en el patio de la escuela. ◯

_____

b. Se celebra el segundo concurso de cómics de la escuela. ◯

_____

c. Leo está hablando sobre el superhéroe de su cómic. ◯

_____

d. Encima de la mesa hay un diccionario de inglés. ◯

_____

e. El escritor mexicano Juan Villoro nació en 1950. ◯

_____

2 Mira, lee y completa como en el ejemplo.

1

(ordenador) (internet)
Computación
_____

2

(calculadora) (números)
_____

(diccionario) (Estados Unidos)
_____

La materias de la escuela

4

(instrumentos) (cantar)
_____

6

(tenis) (fútbol)
_____

(mundo) (mapa) (países)
_____

7

(laboratorio) (telescopio)
_____

3 Mira este horario de clase y contesta.

	LUNES	MARTES	MIÉRCOLES	JUEVES	VIERNES
8:00 – 9:00	Matemáticas	Español	Artes	Matemáticas	Ciencias
9:00 – 10:00	Inglés	Inglés	Inglés	Música	Español
10:00 – 10:30	RECREO				
10:30 – 11:30	Historia	Ciencias	Ciencias	Música	Computación
11:30 – 12:30	Educación Física	Matemáticas	Artes	Educación Física	Computación
12:30 – 13:30	Historia	Geografía	Historia	Geografía	Artes

a. ¿Cuántas materias tienen? _____

b. ¿Qué días tienen Matemáticas? _____

c. ¿A qué hora empiezan las clases de Inglés? _____

d. ¿Qué estudian los viernes? _____

e. ¿A qué hora terminan las clases? _____

4 **Ahora tú** Ahora, completa este horario con tus clases y tus asignaturas.

	LUNES	MARTES	MIÉRCOLES	JUEVES	VIERNES

5 Lee y completa las frases con hay que.

1. Para tocar bien la guitarra _____ _____.

2. Para tener muchos amigos _____ _____.

3. Para ser un superhéroe o una superheroína _____ _____ _____.

4. Para aprender español con Lola y Leo _____ _____.

6 Escucha el diálogo y marca quién dice estas frases: Leo, Clara o los dos. 18

a. El fin de semana estudió para el examen de Geografía.	Leo	Clara
b. El personaje de su cómic es femenino.	Leo	Clara
c. Su superhéroe es muy rápido.	Leo	Clara
d. El personaje de su cómic es superamable.	Leo	Clara

7 Escucha la canción *Superhéroes de ciudad* y escribe sus nombres. Después, elige uno y dibújalo en tu cuaderno. 19

en el hospital

en el colegio

¡Podéis decorar la clase con todos los dibujos!

_____

_____

_____

_____

8 Escribe estos verbos en su lugar. Después, completa toda la tabla.

	SER	TENER
yo		
tú		
él, ella		
nosotros/as		
vosotros/as		
ellos, ellas		

tenemos sois

eres tengo tienes

tienen es

9 Mira estas fotos y marca ✓ la información correcta.

	Carlos	Nina	Marina	Iván
Es moreno/a.				
Es rubio/a.				
Es castaño/a.				
Tiene el pelo largo.	✓			
Tiene el pelo corto.				
Tiene el pelo liso.				
Tiene el pelo rizado.				

10 Completa las frases conjugando los verbos ser o tener.

1. Mi madre _____ muy alta y _____ el pelo castaño, largo y rizado.

2. Yo _____ los ojos verdes como mi abuelo y _____ rubia como mi abuela. Y mi hermana y yo _____ el pelo rizado como mi padre.

3. Mi perro _____ muy divertido y muy inteligente. _____ las orejas grandes y muy graciosas.

4. ● ¿_____ hermanos? _____ los ojos y el pelo del mismo color.
   ○ No, _____ primos.

11 Mira las fotos y completa las frases con **más… que, menos… que** o **tan… como**.

Paolo tiene el pelo _____ corto _____ Isabela.

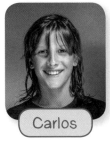 

Carlos tiene el pelo _____ largo _____ Nina.

Lucas tiene el pelo _____ rizado _____ Greta.

12 Jugamos en parejas: recorta y compara los animales.

REGLAS DEL JUEGO (en parejas)

1. Recortad las tarjetas y colocadlas bocabajo sobre la mesa.

2. Por turnos, levantad dos tarjetas. Cada jugador escribe en su cuaderno una frase para comparar los dos animales.

3. Después, comparad las frases y anotad los puntos: 1 punto por cada frase igual y 2 puntos por cada frase original.

4. Cuando se terminen las tarjetas, contad los puntos. Gana quien consiga más puntos.

Palabras que te pueden ayudar:

grande	simpático/a
pequeño/a	divertido/a
fuerte	tímido/a
rápido/a	inteligente

El delfín es más rápido que la tortuga.

13 Pega una foto en la que salgan dos personas de tu familia o dos amigos. Haz una descripción de cada persona y compáralas.

Pega aquí la foto

14 Completa el texto con las palabras de las etiquetas.

(blanca) (superpoderes) (enfermos)

(inteligente) (superheroína)

(corazón)

Mi madre es una _____ que lleva ropa normal, pero cuando se transforma, lleva una bata _____ y un aparato para escuchar el _____.

Mi madre tiene un montón de _____. Ayuda a los niños cuando están _____ y es más _____ que un delfín. ¡Mi madre es una supermamá!

15 Mira el vídeo de la unidad. Con la ayuda de las imágenes, completa lo que dicen Kenji, Petra y Felipe sobre sus superhéroes.

Mi superhéroe es _____

_____

Ella _____

_____

_____

Mi superhéroe es _____

_____

Él _____

_____

_____

_____

Mis superhéroes son mis _____

_____

Ellos _____

_____

Y mi padre _____

_____

16 Y tú, ¿tienes un superhéroe o una superheroína cerca de ti? Recorta la estrella de la página 97, escribe su nombre en el centro, decórala y complétala con información sobre su carácter y sus superpoderes. Después, regálasela.

DESCUBRIR EL MUNDO
El mundo de los cómics

17 Completa la historia. ¿Cómo solucionaron SuperNina y SuperMax el problema de los libros? Dibuja las viñetas y escribe los diálogos.

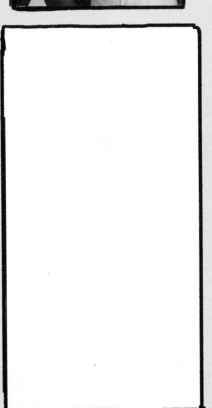

JUE-
GOS

EL JUEGO DE LAS ESTRELLAS

Repaso de las unidades 0-2

REGLAS DEL JUEGO

(por parejas)

1. Los jugadores empiezan en la estrella Salida.
2. Por turnos, cada jugador puede avanzar una o dos estrellas en cualquier dirección, pero es obligatorio pasar por todas las estrellas rojas.
3. El juego consiste en hacer la **ACCIÓN** que indica el color de las estrellas.
4. Si el jugador no hace correctamente la **ACCIÓN**, pierde el turno.
5. Gana el jugador que llegue primero a la estrella Llegada.

¿Qué desayunas?

¿Qué haces por la mañana?

¿A qué horas te levantas?

SALIDA

¿Cuándo te duchas?

¿Qué haces por la noche?

¿A qué hora vas a clase?

¿En qué año naciste?

¡MUY BIEN! ESTÁS EN LA MITAD DEL CAMINO

¿Qué tal el finde pasado?

470

¿Qué hiciste ayer?

750

2º

¿Cuál es el planeta más grande?

¿Qué hiciste el domingo?

7º

LLEGADA

10º

¿Cuál es el planeta más cercano al Sol?

¿Qué comiste ayer?

1998

2020

¡MUY BIEN! ESTÁS EN LA MITAD DEL CAMINO

¿A qué hora te acostaste ayer?

ACCIONES

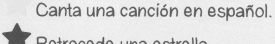

⭐ Contesta la pregunta.

⭐ Nombra el objeto o el número.

⭐ Crea una frase con esta imagen.

⭐ Canta una canción en español.

⭐ Retrocede una estrella.

EL JUEGO DE LAS IMÁGENES

REGLAS DEL JUEGO (por parejas)

1. Recortad las tarjetas.
2. Poned las tarjetas boca abajo en la mesa.
3. Por turnos, cada jugador toma una y la lee.
4. Mira el tablero y busca la imagen que representa la solución.
5. Di la respuesta correcta o completa la frase.
6. Si la contestas correctamente, anota un punto en tu marcador.
7. Gana el jugador que tenga más puntos.

1969

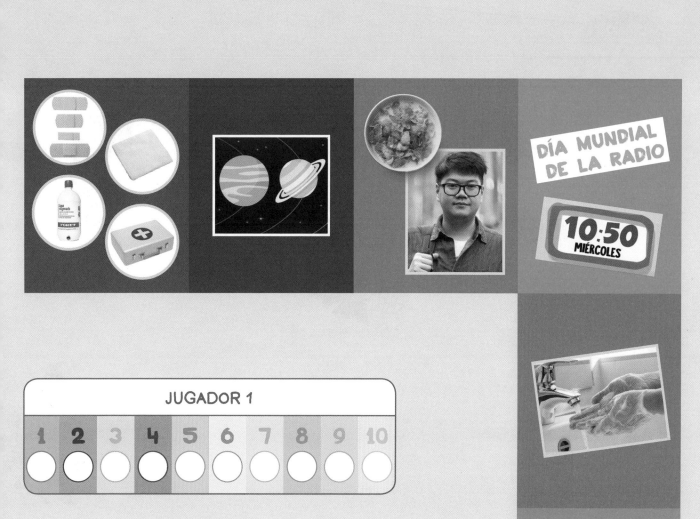

JUGADOR 1

1	2	3	4	5	6	7	8	9	10
⚪	⚫	⚪	⚫	⚪	⚪	⚪	⚪	⚪	⚪

JUGADOR 2

1	2	3	4	5	6	7	8	9	10
⚪	⚫	⚪	⚫	⚪	⚪	⚪	⚪	⚪	⚪

EL JUEGO DE LOS BARCOS

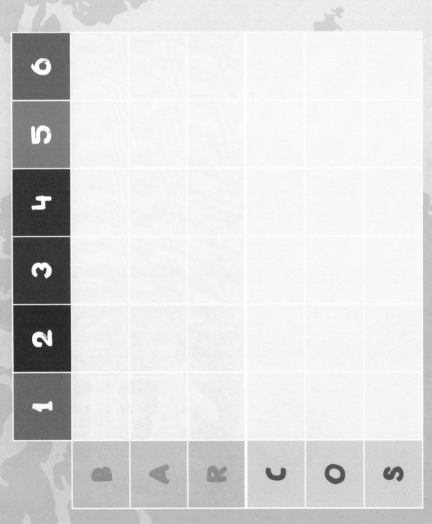

TABLERO NORTE

	1	2	3	4	5	6
B						
A						
R						
C						
O						
S						

TABLERO SUR

	1	2	3	4	5	6
B						
A						
R						
C						
O						
S						

REGLAS DEL JUEGO (por parejas)

1. Cada jugador elige una parte del TABLERO SUR: BAR o COS.

2. Dibuja en tu parte tus barcos: 2 de una casilla, 2 de dos casillas y 1 de tres casillas. ¡Ojo! El compañero no puede ver dónde están colocados.

3. Recorta las tarjetas que corresponden a la parte del tablero que haya elegido tu compañero (si tú tienes BAR, recortas COS o viceversa).

4. Por turnos, cada jugador dice dos coordenadas (letra y número, por ejemplo, B5). Si la casilla de las coordenadas B5 está en blanco, tu compañero dice no; si en la casilla se encuentra una parte de un barco, tu compañero dice sí; si con esa coordenada hundes un barco, dice barco.

5. Además, para no perder el turno tienes que responder correctamente a la pregunta B5 que te hará tu compañero.

6. Si contestas bien, puedes decir otra coordenada. Si contestas mal, pasa el turno a tu compañero.

7. En el TABLERO NORTE, puedes ir marcando los resultados de las coordenadas que dices para hundir los barcos de tu compañero: N = no, S = sí y B = barco.

8. Gana el jugador que primero hunda todos los barcos de su compañero.

GLO-SA-RIO

Mira, lee y escribe las palabras en tu lengua.

 la radio

 las gafas

 junio

 hacer una entrevista

 los pendientes

 julio

 hacer fotos

 la coleta

 agosto

 poner la música

 hacer un pícnic

 septiembre

 el ordenador

 el mapa

 octubre

 los auri-culares

 enero

 noviembre

 el micrófono

 febrero

 diciembre

 el cumpleaños

marzo

 el reloj

abril

 el aparato (dental)

 mayo

GLOSARIO

Mira, lee y escribe las palabras en tu lengua.

 levantarse

 el cepillo de dientes

 el té

 acostarse

 la pasta

 los cereales

 ducharse

 la toalla

 la leche con cacao

 peinarse

 el secador

 el pan con mantequilla y mermelada

 lavarse las manos

 el gel

 por la mañana

 lavarse los dientes

 el champú

 por la tarde

 secarse

 el jabón

 por la noche

 vestirse

 las galletas

 desayunar

 el cepillo del pelo

 la sopa de arroz

 comer

 el peine

 la fruta

 cenar

Mira, lee y escribe las palabras en tu lengua.

 el planetario

 los inventos

 Mercurio

 el espacio

 las aplicaciones móviles

 Venus

 el sistema solar

 el astronauta

 Tierra

 el planeta

 la astronauta

 Marte

 el Sol

 cercano

 Júpiter

 la Luna

 lejano

 Saturno

 las estrellas

 caliente

 Urano

 el cohete

 frío

 Neptuno

 el telescopio

 grande

 los anillos

 pequeño

GLOSARIO

Mira, lee y escribe las palabras en tu lengua.

 la barriga
_____

 tener una herida
_____

 los pies
_____

 la rodilla
_____

 las tiritas
_____

 el dolor
_____

 el codo
_____

 las pastillas
_____

 el botiquín
_____

 la garganta
_____

 el jarabe
_____

 los remedios
_____

 el oído
_____

 la infusión
_____

 el médico, el doctor
_____

 estar mareado/a
_____

 el agua oxigenada
_____

 la médica, la doctora
_____

 estar resfriado/a
_____

 las gasas
_____

 el casco
_____

 estar enfermo/a
_____

 la cabeza
_____

 las rodilleras
_____

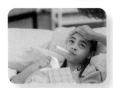 tener fiebre
_____

 las manos
_____

 las coderas
_____

 tener tos
_____

 las piernas
_____

 los deportes
_____

Mira, lee y escribe las palabras en tu lengua.

 el tomate

 el tallo

 el grifo

 el maíz

 plantar

 el huerto

 la lechuga

 regar

 la basura

 la papa, la patata

 recoger, recolectar

 la pera

 el pepino

 colocar, organizar

 la fresa

 la zanahoria

 cuidar las plantas

 la naranja

 la flor

 las latas

 el plátano

 el fruto

 los juguetes

 la manzana

 la hoja

 las botellas

 la piña

 la raíz

 el agua

 el mango

GLOSARIO

Mira, lee y escribe las palabras en tu lengua.

 el león

 el tigre

 el mono

 el rinoceronte

 el tucán

 el cocodrilo

 el hipopótamo

 el elefante

 la cebra

 la serpiente

 la tarántula

 la jirafa

 el cuello

 la trompa

 el pico

 las patas

 el cuerno

 las rayas

 las manchas

 los roedores

 las aves

 la selva

 la sabana

 el río

 ser herbívoro/a

 ser carnívoro/a

 vivir en

 alimentarse de

 pesar

 medir

GLOSARIO

Mira, lee y escribe las palabras en tu lengua.

 Computación, Informática

 Educación Física

 Matemáticas

 Geografía

 Ciencias

 Artes

 Historia

 Música

 Es moreno/a.

 Es castaño/a.

 Es rubio/a.

 Es pelirrojo/a.

 Tiene el pelo largo.

 Tiene el pelo corto.

 Tiene el pelo liso.

 Tiene el pelo rizado.

 Tiene los ojos azules.

 Tiene los ojos negros.

 Es fuerte.

 Es alto/a.

 Es bajo/a.

 Es simpático/a.

 Es divertido/a.

 Es inteligente.

 Es tímido/a.

 la superheroína

 el superhéroe

 la capa

 la máscara

 volar

GLOSARIO

Mira, lee y escribe los números en tu lengua.

100 cien	**1100** mil cien	**6.º** sexto/a
102 ciento dos	**1101** mil ciento uno	**7.º** séptimo/a
200 doscientos	**1981** mil novecientos ochenta y uno	**8.º** octavo/a
300 trescientos	**2000** dos mil	**9.º** noveno/a
400 cuatrocientos	**2020** dos mil veinte	**10.º** décimo/a
500 quinientos	**15 000** quince mil	
600 seiscientos	**98 000** noventa y ocho mil	
700 setecientos	**1.º** primero/a	
800 ochocientos	**2.º** segundo/a	
900 novecientos	**3.º** tercero/a	
1000 mil	**4.º** cuarto/a	
1001 mil uno	**5.º** quinto/a	

MI GLOSARIO

Escribe y dibuja las palabras que te gustan y crea tu glosario personalizado.

RE-
COR-
TA-
BLES

12 B. Recorta, elige y pega la ropa de Santiago. Después, explica qué ropa lleva.

15 Recorta y juega con tu compañero: ¿qué están haciendo?

14 Recorta y pega las imágenes y los relojes. Después, ordena el día de Enric y completa como en el ejemplo.

07:45   08:30   17:45   20:00

7 Recorta y juega con tus compañeros.

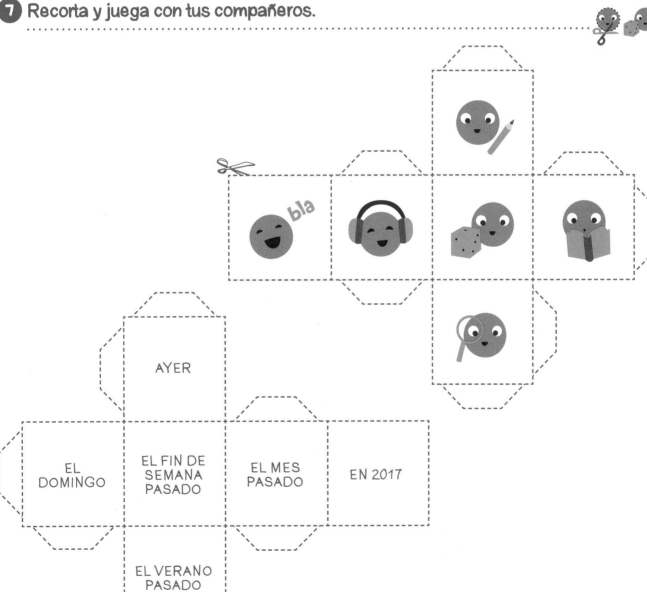

bla

AYER

EL DOMINGO   EL FIN DE SEMANA PASADO   EL MES PASADO   EN 2017

EL VERANO PASADO

10 Recorta, lee y crea diferentes diálogos. Si lo necesitas, puedes escribir otros mensajes en los bocadillos en blanco.

Hoy no voy al colegio.

¿Qué te pasa?

Tengo mucha tos.

¿Tienes jarabe en casa?

Hola, ¡no estoy bien!

¿Qué te duele?

Me duela la garganta.

Si quieres, te envío los deberes por email.

Estoy malo/a.

¿Te duele la cabeza?

Necesito ir al médico.

Tienes mala cara. ¿Estás bien?

Estoy resfriado/a.

¡Que te mejores!

Estoy mareado/a.

Mi hermano también está resfriado.

¡Muchas gracias!

¿Tienes fiebre?

No, me duele la barriga.

Hola, ¿qué tal?

16 Lee, recorta y juega.

Tira la basura en el contenedor.	No hables por teléfono en clase.	Pasea en bicicleta.	No hagas fotos.	No comas muchos dulces.
No nades solo.	Juega con tus amigos.	No cortes las flores.	Cruza por el paso de cebra.	Bebe mucha agua.

6 Recorta y pega las tarjetas del material recortable para completar las descripciones.

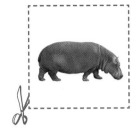

| pesa |

| que |

| se alimenta de |

| vive en |

| los árboles. |

| que |

| muchos kilos. |

| insectos. |

| que |

16 Recorta los animales. Después, escucha la canción *Tengo una selva dentro de mi casa* y pégalos en la parte correspondiente de la casa.

12 Jugamos en parejas: recorta y compara los animales.

16 Y tú, ¿tienes un superhéroe o una superheroína cerca de ti? Recorta la estrella, escribe su nombre en el centro, decórala y complétala con información sobre su carácter y sus superpoderes. Después, regálasela.

1 ¿A qué hora empezó Leo a grabar su *podcast*?

2 ¿Qué actividad no le gusta hacer a Pepe? ¿Y a Lupe?

3 Me encantan los animales. En casa tengo dos mascotas. ¿Cuáles son?

4 ¿Qué vamos a hacer en el curso de español?

5 Dos consejos para llevar una vida sana.

6 ¿Qué desayunan normalmente en casa de Lola?

7 Antes de comer es muy importante _____.

8 ¿Qué hace Yana antes de acostarse?

9 ¿Qué desayuna Martín?

10 ¿Qué lleva el batido favorito de Milena?

11 ¿Qué descubrió Leo cuando fue al planetario con su familia?

12 Di tres cosas que hizo Inés el verano pasado.

13 ¿En qué año llegó el primer astronauta a la Luna?

14 ¿Cuáles son los dos planetas más grandes del sistema solar?

15 Este es el botiquín de la casa de Lola ¿Qué remedios tiene?

16 Es importante _____ las plantas una vez por semana.

17 En el huerto de la escuela de Jaime hay _____.

18 Ayer Lola jugó al fútbol y hoy no está bien. ¿Qué le pasa?

19 Guillermo está muy resfriado. ¿Qué tiene que tomar?

20 ¿Por qué Jimena no puede cantar en el karaoke esta tarde?

B1

Curro _____
por la mañana.

A1

Los sábados Lola
pasea con _____.

R1

En casa de Min
desayunan_____.

B2

Hay una estrella nueva
que se llama_____.

A2

Leo _____ al planetario
el fin de semana.

R2

El planeta más lejano
al Sol es_____.

B3

La madre de Lola está
_____. Tiene tos
y fiebre.

A3

Si tienes tos tienes que
tomar _____.

R3

Lola está enferma y
_____ la barriga.

B4

El plátano y la fresa son
_____.

A4

Hace calor. Por favor
_____

R4

La zanahoria es una
_____.

B5

Abdel nunca_____
un león blanco.

A5

El tucán es un ave que
_____

R5

El jaguar y el cóndor
andino son animales en
_____.

B6

Los superhéroes llevan
_____

A6

SuperAbu tiene muchos
_____

R6

Leo es_____ y
tiene el pelo_____.

(este material continúa en
la página siguiente)

(este material empieza en
la página anterior)

C1
Lola se lava los dientes tres _____.

O1
Min se acuesta a las _____.

S1
Mi hermano pequeño ya _____ solo.

C2
El primer astronauta llegó a la luna en el año _____.

O2
Lola _____ en casa de Min el sábado pasado.

S2
El planeta _____ lejano del sistema solar es _____.

C3
Pablo _____ que estudiar para un examen.

O3
A Pablo _____ los pies.

S3
Hay que limpiar la herida con una _____ y agua _____.

C4
Es importante _____ el huerto todos los días.

O4
La hoja, el tallo y la raíz son _____.

S4
No _____ tantas galletas.

C5
Lola _____ en México una vez.

O5
La anaconda gigante es un _____.

S5
La jirafa tiene el _____ y las _____ muy largas.

C6
Para sacar buenas notas _____.

O6
Leo tiene el pelo más _____ que _____.

S6
Un cómic tiene _____ y bocadillos.